会津みしらず柿

平出美穂子

歴史春秋社

🎃 会津みしらず柿・目次 🎃

I　会津みしらず柿　丸ごと　いただきます　5

柿の葉レシピ 5品
1. 柿の葉おにぎり　6
2. 柿の葉の佃煮　7
3. 柿の葉天ぷら　7
4. 柿の葉茶　8
5. 鰊の山椒漬け入り柿の葉寿司　9

さわし柿レシピ 21品
1. 柿なます　14
2. 柿の味噌漬け　15
3. 柿のくるみ和え　15
4. 柿マヨサラダ　16
5. 柿ちらし寿司　16
6. 柿チーズサンド生ハム巻　17
7. 柿の蓮根巻　17
8. かぶと柿のサラダ　18
9. 柿のみぞれ和え　18
10. 鴨肉と柿のオーロラソースかけ　19
11. 柿と山芋の宇治ソースかけ　19
12. 柿としめじの酒粕和え　20
13. 柿フライのタルタルソースかけ　20
14. スクランブルエッグ　21
15. 鮭のエスカベージュ　21
16. 柿入りレアチーズケーキ　22
17. フルーツヨーグルト　22
18. 牛乳寒　23
19. 米粉の柿クレープ　24
20. 柿サンドパンケーキ　24
21. さわし柿のヨーグルトアイス　25

干し柿レシピ 31品
1. 小豆粥　26
2. 十六穀米柿粥　27
3. 柿入り山芋粥　27
4. フルーツもち米飯　28
5. 柿おこわ　28
6. 柿しるこ　29
7. 柿入りホットサンド　30
8. 柿パンプディング　30
9. 正月の柿生酢2品　31
10. 柿と塩昆布の甘酒和え　32
11. 柿と柚子の大根巻　32
12. 柿の白和え　33
13. 三色柿巻2品　33
14. 柿入りミモザポテトサラダ　34
15. 会津地鶏の柿ロール　34
16. 柿きんとん　35
17. ブランデー漬け生クリーム添え　35
18. おさつサンド柿天ぷら　36
19. みぞれ和え　36
20. 柿だっパイ　37
21. 甘酒スコーン　38
22. 柿茶巾しぼり　39
23. 柿ジャム　39
24. パウンドケーキ　40
25. いとこ煮　41

26. 柿ゆべし 41
27. 柿あんの揚餃子 42
28. 柿大福 43
29. 柿のしそ巻き 43
30. シュトーレン 44
31. 柿入りドーナツ 45

「応援シェフ」上級食育アドバイザー
パン工房 會・マチエール主宰 馬場正佳先生のクッキング講座 46
　①干し柿入りピッザ 47
　②干し柿入り米粉蒸しパン 48
　③干し柿入り甘酒くるみパン 48
日本各地の美味しい干し柿料理 49
コラム1 『鬼平が「うまい」と言った江戸の味』「柿の味醂かけ」51
コラム2 『江戸時代料理本集成』にみる柿の料理 51
コラム3 天保年間松平因幡守の婚礼献立にみる御菓子類 53

柿の皮レシピ 5品

1. 柿の皮粉入り香煎 54
2. 柿の皮入り浅利大根 55
3. 柿の皮粉入りかんぷら味噌炒め 55
4. 柿の皮を使った漬物
　　三五八漬け 56
　　芋床漬け 57
　　浅漬け 57
5. ピクルス 57

Ⅱ　会津みしらず柿物語　58

1　会津みしらず柿の1年……………………………………58
2　渡部初雄著『会津身不知柿誌』から
　　会津身不知柿の誕生から生産まで（抄録）……………65
　1）会津身不知柿の原木……65
　2）会津身不知柿　御山柿組合のはじまり……65
　3）柿の接穂……66
　4）昭和33年の「全会津観光と物産展」出荷条件……67
　5）会津身不知柿の名称の由来……67

6）会津みしらず柿のうた……68
　　　7）献上柿……68
　　　8）あとがき……69
　3　会津みしらず柿の原木を訪ねて……69
　4　会津みしらず柿のふるさと
　　　二本松市小浜の西念寺を訪ねて……70
　5　さわし柿用の粕取り焼酎……73
　6　我が家の会津みしらず柿……75
　7　会津みしらず柿のブランドは守れるか……76
　　　「御山産会津みしらず柿のブランドは守れるか？」（全文掲載）…76
　　　1）みしらず柿を収穫するまでの作業……77
　　　2）作業体験……79
　　　3）聞き書き、柿作りの苦労と工夫……79
　　　4）ブランドを守るために今後に向けて……80
　8　北御山生柿生産出荷組合の現状……80
　　　1）会津若松市内の柿渋業者へ青柿収穫……81
　　　2）九州方面への生柿の出荷……82
　　　3）木箱詰めから段ボール箱詰めへ……82
　　　4）組合出荷から個人出荷へ……82
　　　5）柿ワインの生産……82
　　　6）御山柿の献上柿……82
　9　会津みしらず柿　丸ごと栄養学……83
　　　1）柿の葉の栄養素と効能……84
　　　2）柿の実の栄養素と効能……85
　　　3）干し柿の栄養素と効能……86
　　　4）柿の皮の栄養素と効能……86
　　　5）へたの効能……86
　10　みしらず柿を使って製品化されたもの……87
　　　1）会津漆器とみしらず柿の柿渋……87
　　　2）会津みしらず柿ワイン……88
　　　3）会津みしらず柿酢……88
　　　4）会津みしらず柿を使ったお菓子や加工食品……89

あとがき……91
ご協力いただいた方々……92
参考引用文献……93

Ⅰ 会津みしらず柿 丸ごと いただきます

1）5月上旬　柿の葉

　青葉若葉のみしらず柿の葉が日差しを浴びてそよ風に揺られています。
　美味しい若芽をいただきましょう。
　若葉で美味しいお茶をいただきましょう。
　山椒の葉も芽吹いてきました。鰊の山椒漬けで美味しい柿の葉寿司を作り、新しくて古い会津の郷土料理として位置づけていきましょう。

2）10月下旬　さわし柿（渋をとることをさわすといいます）

　さあ、待ちに待った収穫の季節がやってきました。
　粕取り焼酎にさわされて2週間ほど待って、甘い美味しいみしらず柿ができました。そのまま食べるのが一番美味しいでしょう。
　まずは1個、したたる果肉を堪能しましょう。
　それでも、すこしだけ、季節の食材と一緒にいただきましょう。
　一番のおすすめはマヨネーズ和え、簡単で美味しさは抜群です。
　味付けはさっぱりと、柿の旨さを引き立てましょう。

3）11月　干し柿

　今日は家族みんなで、干し柿作りです。大人は皮をむきます。子どもたちは1個、1個、縄や紐にくくりつけます。
　たくさんたくさんできました。日当たりが良く、雨や雪にあたらないような風とおしの良い所に吊るします。
　途中でやわらかくなるように手を差し伸べます。
　できたらお正月さまにお供えします。こたつに入っていただきます。
　時にはお菓子の中に入れてみましょう。甘い柿味が抜群です。
　時には野菜と一緒にいただきましょう。相性が良いのは甘酢です。
　田植え時にもいただきましょう。元気がわいてくるでしょう。

4）12月　柿の皮

　干し柿が干してある軒下には、柿の皮がむしろいっぱいに干してあります。
　ほどよく乾燥した柿の皮で美味しい漬け物を作りましょう。さらに乾燥した柿の皮を粉にして香煎と一緒にいただきましょう。

柿の葉レシピ

1. 柿の葉おにぎり

簡単で美味しく、柿の葉の栄養素まるごといただきます。

🍊 材料（2人分）
- 柿の若葉……… 10枚くらい
- ご飯……………… 400g
- ごま油…………… 小さじ1
- ごま塩…………… 適量

🍊 作り方
1. 柿の葉はさっと湯通ししてから（電子レンジ600Wで1分弱加熱でも可）、粗みじん切りにしてごま油を絡めてからご飯と和える。
2. おにぎりにして、ごま塩をまぶして出来上がり。

2. 柿の葉の佃煮

ビタミンCの酸味もあり、いりごまが決め手です。

🍊 作り方
① 柿の葉は電子レンジ600Wで1分加熱してから繊切りにする。
② フライパンにごま油を入れ①を炒め、油が行きわたったら調味料を全部入れて味付けをし、最後にいりごまをふり入れる。

🍊 材料（2～3人分）
柿の若葉……… 15枚くらい
いりごま…………… 大さじ1
ごま油……………… 大さじ1
酒…………………… 大さじ1
ざらめ糖……… 大さじ1～2
しょうゆ…………… 大さじ2

3. 柿の葉天ぷら

5月上旬しかいただけない一品です。

🍊 材料（2人分）
柿の葉の新芽……… 5～6本
（新しく上にのびた柿の実がなさそうな所の新芽）
天ぷら粉………………適量
揚げ油…………………適量

🍊 作り方
柿の新芽は小枝についたまま、180℃の油で手早く揚げる。くせもなく美味しくいただける。

4. 柿の葉茶

柿畑で森林浴をしているような味わい深いお茶です。

🍊 **材料**
柿の葉は6月上旬までのやわらかい若葉を用いる。
（渋みも少ない）

🍊 **作り方**
❶ 柿の葉は洗って水切りしてから蒸し器で2、3分ほど蒸す。
❷ 少し冷ましてから繊切りにして握れる程度の量をとり、しっかりと絞り、あくを出す。
❸ 風通しの良い、直射日光があたらない所で乾燥する。
❹ 飲む時には、茶パックに入れて急須に熱湯を注ぎ1分程度置いてから飲む。夏は水筒に入れて冷蔵庫で1日置いてから飲むと、濃く味わい深い柿茶となる。

柿の葉を蒸す前

蒸した後

風通しの良い場所に干す

繊切りにしたあとで、きつくキッチンペーパーで水分をふきとる

干し上がった柿茶

急須に入れて飲む柿茶

冷水用に冷やして飲む柿茶

5. 鰊の山椒漬け入り柿の葉寿司

鰊は上乾※の小骨取りを使用すること。

🎃 **材料（2人分）**

柿の葉	10枚
ご飯	400g
寿司の素	大さじ1
鰊の山椒漬け	3枚
寿司型	

※柿の葉は6月上旬までの若葉で、大きさは大人の手のひら大以上のもの。

鰊の山椒漬け

※上乾＝本乾で、カラカラに乾いている上等な鰊のこと

❶ **すぐに作る場合**

柿の葉は半日から1日、100ccの水に2gの塩につけておき、翌日に完全に塩抜きしてから使う。（前日用意する）

❷ **保存しておく場合**

柿の葉は100ccの水に10gの塩水にひたひたになるようにつけて冷蔵庫で保存。2ヶ月ごとに塩水を取り替える。

または柿の葉を100ccの水に20gの塩漬けにしておく。1枚ずつに塩をまぶして重ねていき、最後に残った塩を上にふりかけ軽い重石をして保存。

使用する時はどちらも前日から塩だしをして完全に塩抜きする。

● 作り方は次ページに表記。

鰊の山椒漬け入り柿の葉寿司の作り方

🎃 1　寿司飯を作る。

　　　寿司型に寿司飯を詰めるところ　　　　　寿司飯を寿司型に詰めたところ

❶ご飯はややかために炊き、寿司の素を入れよく合わせる。少し冷ましてから使用する。

❷寿司型には隙間なく、ぎっしりと詰めてふたをして押し出す。

🎃 2　鰊の皮をはがしてから握り寿司の大きさに合わせて、おおよそ3〜5等分する。

　　　鰊の皮をはがしているところ　　　　　鰊を削ぎ切りして5等分したもの

❶皮はぎは、尾の方からはがす。

❷鰊はななめ削ぎ切りにする。

🎃 3　柿の葉の表を上にして山椒の葉・鰊・寿司飯を葉の中央にのせていく。

　　　柿の葉の上に山椒の葉2〜3枚のせる　　　　その上に鰊をのせる

鰊の上に寿司飯をのせる　　　　　　　　　葉の中央にのせる

🟠 4　手のひらにのせて、まず葉先を手前へ巻き、次に葉茎をその上から向こう側へ巻く。

葉先を手前に巻く　　　　　　　　　　　葉茎を向こう側へ巻く

巻いたらしっかり押さえておく。

🟠 5　手で押さえながらくるっとひっくり返し、巻き目を下にする。巻いた葉の両端を左右、上下に、キャラメルの包み紙のようにしっかりと両手ではがれないように包む。

ひっくりかえして巻目を下に　　　　　　　下から上へ、次に上から下へ折り曲げる
左右に折り曲げる

Ⅰ　会津みしらず柿　丸ごと　いただきます　　11

両手を使って反対側も同じように折り曲げる　　　　出来上がり

🍊 6　容器にラップを敷いてから隙間なくぎっしりと詰め込み、軽い重石をして5時間以上置いてから食べる。

容器にラップを敷き、その上に
包んだ柿の葉寿司を詰める　　　　　　容器にすきまなくぎっしり詰める

🍊 7　保存しておく場合には、冷蔵庫の野菜室に入れておくと寿司飯がかたくならない。賞味期限は3日くらいとする。※冷凍しておき、あたためて食べても美味しい。

ふたをする　　　　　　　　　　　2段にして重石をのせる

完　成

Ⅰ　会津みしらず柿 丸ごと いただきます

さわし柿レシピ

※一部のレシピは『会津伝統野菜』に掲載したものです。

1. 柿なます

柿の器に盛り付けます。

🍊 材料（2～4人分）
- さわし柿……………… 2個
- リンゴ………………… 1個
- 大根…………………… 100g
- 酢……………………… 大さじ3
- 砂糖…………………… 大さじ2
- 塩……………………… 小さじ1/5

🍊 作り方
1. 柿はスプーンでくり抜き、リンゴは皮をむき、1cmのサイコロ大に切る。
2. 大根は2cm長さの短冊切りにし、塩をまぶしてしんなりしてきたら水気を絞る。
3. 砂糖と酢を合わせた中に柿と大根を入れ混ぜ合わせる。

2. 柿の味噌漬け

お粥にあいます。

🍊 **作り方**
① ややかためにさわした柿の皮をむく。
② 味噌とみりんを合わせてなめらかにして柿にまぶす。
③ 器に1個ずつ並べ重ねてから紙ぶたで覆う。
④ 1日過ぎれば食べられる。（1週間で食べきること）

🍊 **材料（10個分）**
さわし柿‥‥‥‥‥‥‥ 10個
味噌‥‥‥‥‥‥‥‥‥ 1.5kg
　　　　　　　　　（柿の半分）
みりん‥‥‥‥‥‥‥‥ 150ｇ
　　　　　　　　　（味噌の10％）

3. 柿のくるみ和え

会津の伝統的な料理です。

🍊 **材料（2人分）**
さわし柿‥‥‥‥‥‥‥ 1個
くるみ‥‥‥‥‥‥‥ 大さじ3
砂糖‥‥‥‥‥‥‥‥ 大さじ1
塩‥‥‥‥‥‥‥‥‥ 小さじ1/5

🍊 **作り方**
① くるみは半分刻み、残り半分はすり鉢ですり、砂糖と塩を加えて味つけをする。
② 柿は皮をむき、食べやすい大きさに切る。
③ ②に①を入れて和え、刻んだくるみは盛り付けた上からふりかける。

Ⅰ　会津みしらず柿 丸ごと いただきます

4. 柿マヨサラダ

かんたんで、美味しさ一番です。

🍊 作り方
1. 柿とアボカドは皮をむき、一口大の食べやすい大きさに切る。
2. マヨネーズと白すりごまを合わせた中に①を入れて静かに混ぜ合わせる。

🍊 材料（2人分）
さわし柿‥‥‥‥‥‥‥ 1個
アボカド‥‥‥‥‥‥‥ 1個
マヨネーズ‥‥‥‥ 大さじ2
白すりごま‥‥‥‥ 大さじ2

5. 柿ちらし寿司

視力が元気になる一品です。

🍊 材料（4人分）
さわし柿‥‥‥‥‥‥‥ 1個
寿司飯‥‥‥‥‥‥‥ 400ｇ
夏はぜの実‥‥‥‥ カップ1/2
（ブルーベリー可）
枝豆‥‥‥‥‥‥ カップ1/3

🍊 作り方
1. 柿は皮をむき、縦8等分してから5㎜程度のサイコロ切りにする。
2. 枝豆は茹でて豆をはじいておく。
3. 寿司飯に②③と夏はぜの実をざっくりと和える。

6. 柿チーズサンド 生ハム巻

日本酒、洋酒のおつまみにぴったりです。

🎃 作り方
① 柿は皮をむき、3㎜くらいのくし形に切る。
② クリームチーズは柿の大きさに合わせて切る。
③ 柿とクリームチーズを合わせて生ハムで巻く。

🎃 材料（2～4人分）
さわし柿……………… 2個
クリームチーズ……… 100ｇ
生ハム………………… 12枚

7. 柿の蓮根巻

歯ごたえの異なる食材を組み合わせてみました。

🎃 材料（2人分）
さわし柿……………… 1個
蓮根
　太めで3㎝くらいの長さのあるもの
　…………………… 1個
甘酢
　　酢…大さじ2
　　みりん…大さじ1
　　砂糖…大さじ1
　　塩…小さじ1/2
酢味噌
　（市販のもので可）…… 大さじ2

🎃 作り方
① 柿は皮をむき、太さ1㎝の輪切りにしてから1㎝の短冊切りにする。
② 蓮根は皮をむいてからうすい輪切りにして、さっと茹で、1時間以上甘酢に漬ける。
③ ②の蓮根の甘酢漬けで①の柿を巻き、酢味噌をかけていただく。

8. かぶと柿のサラダ

柿の赤さが引き立ちます。

材料（2人分）
- さわし柿……………… 1個
- かぶ…………… 1個（150g）
- 干菊の酢漬け………… 50g
- 水………………… 100cc
- 塩………………… 5g
- 甘酢
  - 酢…大さじ2
  - 砂糖…大さじ1

作り方
1. 柿は皮をむき、縦半分に切ってから2㎜程度の半月切りにする。
2. かぶは菊花かぶにする。皮をむき横半分の輪切りにする。細かい格子切りにしてから、100ccの水に5gの塩水につけてしんなりするまで置く。次いで、塩気を洗い、水気をとってから甘酢に漬けておく。
3. 皿の中央に菊花かぶを盛り付け、周りに①を重ねるように盛り付け、中央に干菊の酢漬けを添える。

9. 柿のみぞれ和え

イクラをのせて、おせち料理にぴったりです。

材料（2人分）
- さわし柿……………… 1個
- もどした白玉ふ …20粒くらい
- 大根…… 5㎝くらいの輪切り
- イクラ……………… 大さじ2
- 甘酢
  - 酢…大さじ2
  - 砂糖…大さじ1
  - 塩…少々

作り方
1. 柿は皮をむき、7㎜程度のサイコロ切りにする。
2. 大根は鬼おろしですりおろす。
   （普通のすりおろしでも可）
3. 柿・大根おろし・白玉ふを甘酢で和える。
4. 盛り付け時にイクラをのせる。

10. 鴨肉と柿のオーロラソースかけ

鴨肉の燻製の塩分を柿の甘さで調和してくれます。酒の肴にぴったりです。

作り方
1. 市販の鴨肉の燻製は袋から出して湯通ししてからやや斜めに包丁を入れ10～12等分にスライスする。
2. 柿は皮をむき、縦4等分にしてから鴨肉の厚さと同じくして、交互にはさんで盛り付ける。
3. ケチャップ・マヨネーズ・刻みパセリを混ぜ合わせて②の中央にかけ、パセリを添える。

材料（3～4人分）
- さわし柿……………… 1個
- 鴨肉の燻製(市販のもの)… 1本
- ケチャップ………… 大さじ2
- マヨネーズ………… 大さじ2
- 刻みパセリ………… 大さじ1
- 添えパセリ……………… 少々

11. 柿と山芋の宇治ソースかけ

消化もよく、彩りが楽しい一品です。

材料（2人分）
- さわし柿……………… 1個
- 山芋……………… 200g
- マヨネーズ………… 大さじ2
- 抹茶………………… 小さじ1
- レモン汁…………… 小さじ1

作り方
1. 柿は皮をむき、1cm大のサイコロ切りにする。
2. 山芋は皮をむいて半分は1cm大のサイコロ切りにし、半分はすりおろす。
3. マヨネーズ・抹茶・レモン汁を混ぜ合わせて宇治ソースを作る。
4. 柿と山芋を全部合わせて器の中央に盛り付け、その周りに宇治ソースをかけ、少しずつソースにからめながらいただく。

Ⅰ 会津みしらず柿 丸ごと いただきます

12. 柿としめじの酒粕和え

酒粕の香り豊かな一品です。

🍊 作り方
1. 柿は皮をむき、一口大に切る。
2. しめじはさっと茹でるか、電子レンジ600Wで2分加熱し、キッチンペーパーで水気をとる。
3. 酒粕・みりん・水あめ・塩をフードプロセッサーでペースト状にする。（板粕の時には水でも良いが、白ワインで調節すると美味しい）
4. 柿としめじを酒粕ペーストで和える。

🍊 材料（2〜4人分）
- さわし柿 ……………… 1個
- しめじ ……………… 1/2株
- やわらかなばら酒粕（板粕可） ……………… 100g
- みりん ……………… 大さじ2
- 水あめ（米あめ可）… 大さじ2
- 塩 ……………… 小さじ1弱

13. 柿フライのタルタルソースかけ

β-カロチンの吸収が抜群です。

🍊 材料（2人分）
- さわし柿 ……………… 2個
- ゆで卵 ……………… 1個
- 玉ねぎ ……………… 1/2個
- マヨネーズ ……………… 大さじ2
- 酢 ……………… 小さじ1
- パセリ ……………… 小さじ1
- 添えパセリ ……………… 少々
- 天ぷら粉・パン粉・揚げ油 ……………… 適量

🍊 作り方
1. 柿は皮をむいて6等分のくし形に切り、水溶きした天ぷら粉（天ぷらを作る時よりも少しかための衣）につけてからパン粉をつけ、180℃の油で短時間で揚げる。
2. ゆで卵はみじん切りにする。
3. みじん切りした玉ねぎは水にさらして水気をとってから、②・みじん切りしたパセリ・酢・マヨネーズを混ぜ合わせる。盛り付け時に柿フライの上にかけて、パセリも添える。

14. スクランブルエッグ

彩り良く、バターで炒めることで栄養素の吸収が良くなります。

🍊 材料（2人分）

さわし柿	1個
卵	2個
ほうれん草	2本
バター	小さじ6
生クリーム	大さじ2
塩・こしょう	適量

🍊 作り方

① さわし柿は皮をむき、5mm程度の短冊切りにし、フライパンにバター小さじ2を入れて軽く両面を焼く。
② 卵は溶きほぐしてから、フライパンにバター小さじ2を入れて弱火で半熟程度にし、生クリームを入れて火からおろしてざっくりと混ぜる。
③ ほうれん草は3cm長さに切り、フライパンにバター小さじ2を入れてしんなりするまで炒める。
④ 大皿の周りに柿、その中に卵、卵の上にほうれん草を盛り付け、塩・こしょうをして熱いうちにいただく。

15. 鮭のエスカベージュ

高級感あふれる一品です。

🍊 材料（2人分）

さわし柿	1/2個
鮭	2切れ
玉ねぎ	1/4個
レモン	1/2個
（薄い半月切りにする）	
パセリ	2葉
ピーマン	1個
パプリカ	少々
フレンチドレッシング（市販可）	
酢…大さじ2	
オリーブ油…大さじ2	
レモン汁…大さじ1/2	
塩・こしょう…適量	
小麦粉	適量

🍊 作り方

① 玉ねぎ・パプリカ・パセリは、それぞれみじん切りして布巾に包んで水洗いし、しっかり絞る。
② 柿は皮をむいて粗みじん切りにし、大さじ1の酢をふりかけておく。
③ ピーマンは熱湯をかけてから、薄い輪切りにする。
④ 鮭に軽く塩・こしょうして、小麦粉を軽くまぶしてからフライパンに油を敷き、中火で5分ずつ、ふたをして両面を焼く。
⑤ 大皿に④を並べて①②を混ぜてのせ、その上からドレッシングをふりかけて2時間ほど置く。
⑥ いただく時にレモンと③のピーマンをのせる。

16. 柿入りレアチーズケーキ

柿の甘さが心地よいケーキです。

🟠 作り方
1. ゼラチンと水を合わせてふやかしておく。
2. 柿は皮をむいて1個はさいの目切り、もう1個は縦半分にしてから2mm程度の半月切りにする。
3. クリームチーズをボールに入れ、湯煎にかけながらやわらかくする。その中に砂糖を入れてなめらかになったら、①のゼラチン液を入れ、よく混ぜ合わせる。
4. 湯煎からはずしてヨーグルト・生クリーム・レモン汁を入れ、最後にさいの目切りした柿を入れてから型に流し2時間以上冷蔵庫で冷やし固める。
5. 固まったらケーキの上にスライスした柿とマスカットをきれいに並べる。

※型にカステラやビスケットをくだいて敷いてから生地を流すとよい。

🟠 材料（21cm型1個分）
さわし柿	2個
クリームチーズ	200g
砂糖	90g
ヨーグルト	200g
生クリーム	100g
マスカット	6粒分
レモン汁	大さじ2
ゼラチン	5g
水	5cc

17. フルーツヨーグルト

米粉でヨーグルト気分、消化も良さそうです。

18. 牛乳寒

海藻類もしっかり摂れます。

🍊 作り方
1. 鍋に粉寒天と水を入れ5分ほど置く。その後、弱火で静かにへらでかき混ぜながら沸騰させ、砂糖を入れて1分程度煮てから火を止める。
2. ①に牛乳を少しずつ入れて混ぜ合わせてから、スープ皿のような深みのある皿に流し入れ、冷蔵庫で2時間くらい固める。
3. シロップの水と砂糖を合わせて鍋に入れ、150ccくらいになるまで煮詰めて冷ましておく。
4. 柿は皮をむき、7mm程度のサイコロ切りにする。
5. 牛乳寒ができたら1cmくらいのひし形に切り、シロップをかけると浮いてくる。その上に柿を盛り付ける。

🍊 材料（4〜5人分）
- さわし柿……………………1個
- 粉寒天…………………… 4g
- 水…………………………250cc
- 牛乳………………………250cc
- 砂糖……………………… 30g
- シロップ
  - 水…200cc
  - 砂糖…70g

🍊 材料（2〜4人分）
- 米粉………………… 大さじ3
- （小麦粉でも可）
- 水………………………… 400cc
- 砂糖………………… 大さじ3
- レモン汁……… 大さじ1〜2

さわし柿…1個・リンゴ…1個・キウイ…1個・バナナ…1本・さくらんぼ…8粒など四季の果物合わせて400gくらい

🍊 作り方
1. 鍋に米粉を入れ水を少しずつ入れて溶く。火にかけへらでかき混ぜながらのり状にし、沸騰したら砂糖を加えて火を止める。冷ましてからレモン汁を入れてよく混ぜ合わせる。酸味は好みによって調節する。
2. 果物は食べやすい大きさに切り、①と和える。

※リンゴとバナナは褐変するので、切ったらすばやく①と混ぜ合わせるとよい。

19. 米粉の柿クレープ

ヘルシーな豆腐クリームに、さわし柿の相性が抜群です。

🍊 作り方
1. 生地の米粉をふるってから卵・牛乳・油・砂糖を混ぜ合わせなめらかにしてから冷蔵庫で30分置く。
2. 豆腐クリームの木綿豆腐はキッチンペーパーに包んで30分水切りしてからフードプロセッサーに入れペースト状にし、さらに砂糖・レモンパウダーを入れて2秒ほどかくはんしてから8等分する。
3. さわし柿は皮をむいて5cmくらいの長さの拍子切りにしたものを8本作る。
4. フライパン（直径15cmくらい）に油を敷き、一度紙でふきとってから①の生地を薄く流し込み、弱火で両面をこげないように8枚焼く。
5. ④のクレープの生地を広げて、中央に豆腐クリーム、その中に柿を入れて巻く。

🍊 材料（8個分）
さわし柿…………………1個
クレープの生地
　米粉（小麦粉可）…80g
　卵…1個
　牛乳…200cc
　菜種油…大さじ2
　（バター・植物油可）
　砂糖…小さじ1/2
豆腐クリーム
　木綿豆腐…1丁
　砂糖…50g
　レモンパウダー…10g

20. 柿サンドパンケーキ

簡単に楽しく3時のおやつを作りましょう。

21. さわし柿のヨーグルトアイス

甘く、すっぱく、美味しいおやつです。

🎃 **材料（2人分）**

さわし柿	1個
乾燥プルーン	4粒
マシュマロ	4粒
アイス	50g
ヨーグルト	50g
ブルーベリージャム	小さじ2

🎃 **作り方**

① 柿は皮をむき、一口大に切る。
② プルーンは種をとり適切りする。
③ マシュマロは半分に切る。
④ 器に柿・プルーン・マシュマロを入れて、その上からアイス・ヨーグルト・ブルーベリージャムの順にかける。

🎃 **材料（2～4人分）**

ホットケーキミックス	80g
バター	50g
卵	1個
牛乳	150cc
生クリーム	200cc
砂糖	大さじ3
菜種油（植物油可）	適量
サンド用フルーツ	
さわし柿…1個・バナナ…1本	
キウイ…1個など	
さくらんぼ…1個	

🎃 **作り方**

① バターはラップをかけて電子レンジ600Wで20秒間溶かす。（湯煎可）
② 卵を溶きほぐし、①・牛乳を加えてからホットケーキミックスを3回くらいに分けてふり入れ、ざっくりとへらで切るように混ぜる。
③ 生地は大、中、小の3枚焼くと楽しい。フライパンで10～12㎝、8㎝、6㎝程度に分けて、油を敷き生地を流し入れ、ふたをして弱火で両面を焼く。
④ 生クリームに砂糖を加えてホイップを作る。
⑤ ③が冷めてからホイップした生クリームをぬり、適切りしたフルーツをのせ、これをくり返してトップにもフルーツを飾る。

干し柿レシピ

1. 小豆粥

正月15日の小豆粥に干し柿を入れてみました。

🍊 材料（2〜3人分）

干し柿……………………… 3個
米…………………………… 100g
小豆………………………… 25g
水…………………………… 400cc
塩…………………………… 適量

🍊 作り方
❶ 小豆は一晩水につけてもどしておく。
❷ 鍋に水切りした小豆・水・塩を加えて弱火で煮崩れしないようにやわらかく煮て小豆と汁に分けておく。
❸ 干し柿は、粗みじん切りにしておく。
❹ 米は洗って30分置いてから、小豆の煮汁と水を合わせて500ccにし鍋に入れ火にかける。沸騰するまで強火にし、吹きこぼれる前に弱火にして、一度ざっくりと混ぜ、ふたをして20分ほど煮る。
❺ ❹に小豆と干し柿を軽く混ぜ、火を止めて10分程度蒸らす。いただく時に塩をふりかける。

2. 十六穀米柿粥

貧血気味の人におすすめです。

🟠 作り方
① 十六穀米と蕎麦米は洗って30分水切りしておく。
② 干し柿はサイコロ切りしておく。
③ 深めの鍋に米類・水・鶏がらスープの素を入れ沸騰したら弱火にし、ふたをして20分程度煮る。
④ 干し柿を入れ、軽く混ぜ合わせて、塩で味をととのえてから10分ほど蒸らす。

🟠 材料（2～3人分）
干し柿	2個
十六穀米	50ｇ
蕎麦米	50ｇ
水	1000cc
鶏がらスープの素	大さじ2
塩	適量

3. 柿入り山芋粥

山芋は長寿食のひとつ。疲れた時に心地よい甘さです。

🟠 材料（2～3人分）
干し柿	2個
山芋	100ｇ
もち米	100ｇ
水	800cc
塩	適量

🟠 作り方
① 山芋は皮をむき一口大に切って1分くらい水にさらしてぬめりをとり水気をとる。
② もち米は洗って30分水切りしておく。
③ 干し柿は粗みじん切りする。
④ 深鍋にもち米・山芋・水を入れて火にかける。沸騰するまで強火で、その後ふたをして20分程度弱火でやわらかく炊く。
⑤ 干し柿を入れざっくりとかき混ぜて、塩味をつけたら10分ほど蒸らす。

Ⅰ 会津みしらず柿 丸ごと いただきます

4. フルーツもち米飯

滋養豊富なもち米のお菓子です。

🎃 材料（2人分）

干し柿	2個
もち米	200g
干しプラム	4個
パイン缶	2切れ
ミカン缶	20粒
干しブドウ	大さじ2
小豆餡	150g
くずあん	
はちみつ…大さじ2	
片栗粉…大さじ1	
水…200cc	
サラダ油	大さじ1
バター	少々

🎃 作り方

❶ 干し柿はパインの厚さの輪切り、干しプラムも輪切りにし、ミカン缶は水切りしておく。
❷ もち米は洗ってから水切りし、30分置いてから同量の水で炊く。
❸ 炊き上がったらサラダ油をふりかけて、すりこぎ棒で少しつきもったりさせる。
❹ 小丼の8分目までバターをぬり、各フルーツをパインが2段になるようにはりつける。③を入れ小豆餡をその上にのばし、またフルーツをはりつけご飯をのせていく。その後10分ほど蒸す。（電子レンジで温めてもよい）
❺ はちみつ・片栗粉・水を火にかけ、くずあんを作る。
❻ 小丼をひっくり返してご飯を皿に盛り付け、上から温かいくずあんをかけていただく。

5. 柿おこわ

彩り豊かな強飯です。

会津みしらず柿

6. 柿しるこ

柿とくるみの相性が抜群のしるこです。

材料（2～3人分）
- 干し柿……………… 3個
- くるみ……………… 80g
- 牛乳………………… 500cc
- 白玉粉……………… 100g
- 水…………………… 95cc
- 砂糖………………… 大さじ1
- 塩…………………… 少々
- 水溶き片栗粉
  - 片栗粉…小さじ2
  - 水…大さじ1

作り方
1. 干し柿は適切りし、牛乳に10分くらい浸してやわらかくしておく。
2. 白玉粉に少しずつ水を入れてこね、小さめな団子に丸めて茹で、冷水にとり水気を切る。
3. ①・くるみ・砂糖をミキサーにかけてから粗めのザルで裏ごしする。
4. 鍋に③を入れて弱火で沸騰させ、水溶き片栗粉を入れてとろみをつける。砂糖・塩で味をととのえ、白玉団子を入れて一煮立ちさせていただく。（煮すぎないこと）

材料（2～3人分）
- 干し柿……………… 2～3個
- もち米……………… 300g
- 浸し豆……………… 20粒くらい
- 栗（生・瓶詰・甘栗でも可）
  ……………… 10粒くらい
- 銀杏………………… 10粒くらい
- 水…………………… 350cc
- ウコンパウダー…… 大さじ1
- ごま塩……………… 適量

作り方
1. 干し柿は銀杏くらいの大きさに切る。
2. 銀杏は炒って外皮・薄皮をとる。
3. 浸し豆は一晩浸してから茹でておく。
4. 水の中にウコンパウダーを入れかき混ぜておく。
5. もち米は洗って水切りし、30分すぎてから④を入れて炊く。
6. 炊き上がったらすぐに干し柿・浸し豆・栗・銀杏を入れざっくりと混ぜ合わせ、いただく時にごま塩をかける。

7. 柿入りホットサンド

トースターで簡単にでき、アツアツが美味しいです。

材料（2人分）
- 干し柿……………………2個
- 6枚切り食パン…………2枚
- ゆで卵……………………2個
- アボカド…………………1個
- とろけるチーズ……大さじ4
- 牛乳…………………大さじ2
- 刻みパセリ…………小さじ2
- バター………………………少々

作り方
1. 干し柿は輪切りにして5分ほど牛乳に浸しておく。
2. ゆで卵は干し柿と同じ厚さの輪切りにする。
3. アボカドは種をとり食べやすい大きさに切る。
4. 食パンにバターをぬり、干し柿・ゆで卵・アボカドを並べて、その上からとろけるチーズをのせてトースターでチーズが溶けて焦げ目がつくまで焼く。いただく時に刻みパセリをふりかけるとよい。

8. 柿パンプディング

受験生の夜食に。頭も冴えます。

材料（2〜3人分）
- 干し柿………………2〜3個
- 食パン…………………3枚
- 卵………………………4個
- 牛乳…………………400cc
- 柑橘類の皮…………大さじ1
- 砂糖…………………大さじ1
- バター…………………少々

作り方
1. 干し柿はさっと洗って粗みじん切りにする。
2. 食パンは、こげめがつかない程度にトーストして12等分する。
3. 柑橘類の皮（ミカン・オレンジ・レモンなど）はみじん切りにする。
4. ボールに卵・牛乳・砂糖を入れてよく混ぜる。
5. バターをぬった耐熱皿にパンと干し柿を交互に2段くらいになるように並べ、その中に④を上から注ぎ入れ③をちらす。
6. オーブンの鉄板に湯を張り、⑤をのせて220℃で20分ほど蒸し焼きにする。（トースターでも可）

9. 正月の柿生酢 2品

会津の伝統的な柿生酢です。

※大根生酢

🍊 材料（4人分）
※大根生酢
干し柿……………………… 3個
繊切り大根……………200ｇ
繊切りにんじん………100ｇ
塩………… 2ｇ（小さじ1/2）
甘酢
　酢…大さじ2
　砂糖…大さじ2
　塩…少々

🍊 作り方
❶繊切り大根・にんじんに塩を加えて混ぜ、5分ほど置いて、水気を絞る。
❷干し柿は縦に繊切りする。
❸甘酢で和える。
※打ち豆を入れるとさらに美味しい。

※にんじん生酢

🍊 材料（4人分）
※にんじん生酢
干し柿の繊切り……… 1個分
にんじんの繊切り……100ｇ
酒………………………… 大さじ2
甘酢
　酢…大さじ2
　砂糖…大さじ2
　塩…少々

🍊 作り方
❶にんじんの繊切りに酒を少々ふりかけて火を通し、しんなりしたら火を止める。
❷冷めてから干し柿の繊切りと甘酢で和える。

10. 柿と塩昆布の甘酒和え

簡単で美味しい会津ならではの和え物です。

🍊 作り方
① 干し柿は縦の粗繊切りにする。
② 材料を全部混ぜ合わせる。
※塩昆布の塩分で30分程度でいただける。

🍊 材料（2～3人分）
干し柿……………………… 2個
大根繊切り…………… 200g
塩昆布……………………… 20g
甘酒……………………… 50cc

11. 柿と柚子の大根巻

お正月に欠かせない一品です。
紅生姜と干し柿が絶妙です。

🍊 材料（10～15枚分）
干し柿……………………… 2個
大根…………… 10cmくらい
柚子の皮…………… 1/4個分
紅生姜………… 30本くらい
塩…………………… 小さじ2
甘酢
　酢・砂糖…各大さじ3
　塩…小さじ1/3

🍊 作り方
① 干し柿・柚子の皮は繊切りにする。
② 大根は薄い輪切りにし、塩をふりかけしんなりしたらさっと洗って水気をとる。
③ 干し柿・柚子の皮・紅生姜を大根で巻く。
④ 深めの器に③をぎっしりと重ねて並べ上から甘酢をかける。半日すると、美味しくいただける。

12. 柿の白和え

干し柿の白和えもまた美味しいものです。

🍊 **材料（4人分）**

干し柿……………………… 2個
ほうれん草………………… 2本
リンゴ……………………… 1個
木綿豆腐…………………… 1/2丁
白すりごま………… 大さじ2
砂糖………………… 大さじ2
塩…………………… 小さじ1/3

🍊 **作り方**

① 干し柿は縦に繊切りにする。
② ほうれん草は茹でて3cm長さに切る。
③ リンゴは皮をむき、4等分にしてから繊切りにし、塩水をくぐらせて水切りしておく。
④ 木綿豆腐は布巾に包んで水切りしておく。
⑤ フードプロセッサーに木綿豆腐・白すりごま・砂糖を入れペースト状にし、最後に塩で味をととのえる。次いでこの中に①②③を入れて和える。

13. 三色柿巻　2品

クリームチーズと酒粕をそれぞれ柿で巻いた酒のつまみに絶品です。

クリームチーズ入り柿巻　　酒粕入り柿巻

クリームチーズ入り柿巻

🍊 **材料（2～3人分）**

干し柿……………………… 4個
アボカド…………………… 1個
クリームチーズ……… 200g

🍊 **作り方**

① 干し柿は押し広げて、その上にクリームチーズをのせる。
② 中央にアボカドの粗みじん切りをのせて海苔巻きのように巻いて、6等分する。

酒粕入り柿巻

🍊 **材料（2～3人分）**

干し柿……………………… 4個
きゅうりの酒粕漬け……… 1本
大吟醸酒粕………………… 200g

🍊 **作り方**

① 干し柿は押し広げて、酒粕をその上にのばす。
② きゅうりの酒粕漬けを細かくして混ぜて巻く。

14. 柿入りミモザポテトサラダ

ポテトサラダに干し柿もまた美味しいです。

🎃 材料（2～3人分）
- 干し柿……………… 2個
- じゃがいも…………… 2個
- ミックスベジタブル… 50g
- ゆで卵の裏ごし
  （みじん切りでも可）…… 1個
- リンゴ………………… 1個
- マヨネーズ………… 大さじ4

🎃 作り方
1. じゃがいもは皮をむき乱切りにし、電子レンジ600Wで6分加熱（茹でても可）してつぶし、マヨネーズで和える。
2. ミックスベジタブルは湯通しし、干し柿は粗みじん切りに、リンゴは8等分のくし形にしてから適切りする。塩水をくぐらせて、これらを①に加える。
3. 裏ごししたゆで卵をふりかける。

15. 会津地鶏の柿ロール

会津地鶏と干し柿にレモン汁で爽やかに。バジルソースをかけてみました。

🎃 材料（2～3人分）
- 干し柿……………… 2個
- 会津地鶏の胸肉………… 1枚
- 洋酒………………… 大さじ2
- 刻みパセリ………… 大さじ1
- レモンの皮すりおろし
  ……………………… 大さじ1
- レモン汁…………… 60cc
- パン粉……………… 大さじ1
- 小麦粉………………… 少々
- 塩・こしょう………… 少々
- バジルソース………… 適量

🎃 作り方
1. 干し柿は粗みじん切りしてから洋酒に5分以上浸しておく。
2. ①・刻みパセリ・レモンの皮すりおろし・レモン汁の半分（30cc）・パン粉を軽く混ぜ合わせる。
3. 胸肉に塩・こしょうをし、皮を上にして大きく広げ小麦粉をふった上に②を平にのせて巻く。その上からラップに包んで蒸し器で20分蒸す。
4. 切り分けて残りのレモン汁・バジルソースをふりかけていただく。

16. 柿きんとん

おせち料理に欠かせません。

🟠 材料（2〜3人分）
干し柿……………… 3〜4個
さつまいも … 1本（300gくらい）
くちなしの実………… 1個
砂糖………………… 80g
塩………………… 小さじ1/5

🟠 作り方
❶ 干し柿は粗みじん切りにし、さっと湯を通しておく。
❷ くちなしの実は茶パックに入れて、すりこぎ棒でたたいて細かくする。
❸ さつまいもは、厚めに皮をむいてサイコロ大に切り、水にさらす。次いで、ひたひたの水と②を入れてやわらかく煮る。
❹ 煮汁を捨ててつぶし（裏ごしするとなめらか）、砂糖と塩を加えて練り上げ、最後に干し柿を加えてぷつぷつと1分ほど練れば出来上がり。

17. ブランデー漬け 生クリーム添え

ブランデーにしっかりと漬け込んだ大人のデザートです。

🟠 材料（2人分）
洋酒（ブランデー・ラム）に
1ヶ月以上漬け込んだ干し柿
………………………… 2個
生クリーム（砂糖を加えて泡立てたもの）……………… 適量

🟠 作り方
❶ 干し柿はややわらかめのものを洋酒に漬け込む。白ワインでもよい。
❷ 4等分に切り分けて生クリームをかけていただく。
※さわし柿がある時には、粗みじん切りにして生クリームに加えるとさらに美味しくいただける。

18. おさつサンド柿天ぷら

定番の干し柿の天ぷらにさつまいもをはさみました。

材料（2〜3人分）
- 干し柿……………… 2〜3個
- さつまいも…………… 1本
- 天ぷら粉…………… 適量
- 揚げ油……………… 適量

作り方
1. 干し柿は輪になるように2等分し、さつまいもの大きさに手で押しのばしておく。
2. さつまいもは5mmほどの厚さに切り、電子レンジ600Wで4、5分加熱する。
3. さつまいもの内側に天ぷら粉をふりかけ、柿をはさんで天ぷらのように衣をつけて180℃の油で揚げる。

19. みぞれ和え

大根は鬼おろしですり、梅と柿の対比が美味しいです。

材料（2〜3人分）
- 干し柿…………………… 1個
- 会津高田梅かりかり漬け(市販可) …………………… 2個分
- 大根 …… 長さ5cmくらいの輪切り
- 甘酢
  - 酢…大さじ2
  - 砂糖…大さじ1

作り方
1. 干し柿は5mmほどのサイコロ切りにする。
2. 梅は粗みじん切りにする。
3. 大根は鬼おろしですりおろす。
4. 全部合わせて甘酢をかける。

※会津高田梅は通販で購入することが可能です。

20. 柿だっパイ

アップルパイの要領でワイン煮した干し柿入りのパイです。
また子ども向きにはワイン煮せず、水で代用すると良いでしょう。
※砂糖の量は柿の甘さで調節する。

材料（1枚分）
- 干し柿……………… 3〜5個
- パイ生地（市販のもの）… 2枚
- 干しブドウ…………… 50g
- 砂糖………………… 50g
- レモン汁…………… 30cc
- 卵液：卵黄1個と同量の水
- 赤ワイン…………… 100cc
  （子ども用は水で代用）

作り方
1. 干し柿は、1個を3等分の輪切りにしてレモン汁に10分ほど浸す。
2. 鍋に赤ワインと砂糖を入れ弱火で煮立てた中に、①を並べて弱火で5分ほど煮て味をしみこませる。
3. パイ生地を敷き、フォークで所々穴をあけてから②を重なるようにのせ、その上に干しブドウを全体にのせて、フチに卵液をぬる。その上にもう1枚の生地を少しのばしてのせてフチを重ねフォークで止める。その上から包丁で3筋くらい切れ目を入れ、卵液をぬる。
4. あらかじめ熱したオーブン200℃で15分焼く。焼き上がりに②の煮汁を表面にぬるとさらに美味しい。

I 会津みしらず柿 丸ごと いただきます

21. 甘酒スコーン

甘酒のほんのりとした甘さと柿の甘さが絶妙です。

材料（10〜12個分）

- 干し柿……………… 3個
- 干しブドウ………… 大さじ3
- 薄力粉……………… 200g
- 強力粉……………… 200g
- ベーキングパウダー… 20g
- 甘酒………………… 200cc
- バター……………… 100g
  （菜種油・オリーブ油でも可）
- 卵…………………… 2個
- 砂糖………………… 50g
- 塩…………………… 3g
- 牛乳………………… 少々

作り方

1. 薄力粉・強力粉・ベーキングパウダーを合わせて2度ふるっておく。
2. 干し柿は粗みじん切りにして干しブドウと合わせて、①の粉の一部（大さじ1）をからませておく。
3. バターをサイコロ状に切り、この中に①を少しずつパラパラに混ぜ合わせると次第にさらさらになる。
4. ボールに卵と砂糖を合わせて白くもったりするまでかくはんする。
5. ④に甘酒を入れざっくりと混ぜ、③の粉を5回くらいに分けながらへらで切るように混ぜる。最後に②と塩をざっくりと混ぜて一つにまとめて冷蔵庫で30分寝かせる。
6. ⑤を取り出して麺棒で1cmの厚さにのばしてから3つ折りにする。さらに2つに折ってから2cmの厚さにのばし、直径6、7cmほどのコップで切り抜く。
7. オーブン皿にクッキングシートを敷き⑥を並べてから表面のつや出しに刷毛で牛乳をぬる。
8. 200℃のオーブンで20分程度焼く。

22. 柿茶巾しぼり

お茶によくあいます。

🟠 材料（2～3人分）10個分
やわらかめの干し柿……2～3個
栗……………………… 200ｇ
砂糖…………………… 50ｇ
塩……………………… 少々

🟠 作り方
❶干し柿はさっと湯をくぐし、粗みじん切りにする。
❷栗は茹でて中身を取り出し、つぶしておく。
❸鍋に栗・砂糖・塩を入れて弱火でやわらかくなるまで練り合わせる。
❹③の中に柿を加えてざっくりと混ぜ合わせる。
❺冷めてからラップに包んで、好みの大きさに包み茶巾しぼりにする。

23. 柿ジャム

加熱して滅菌することにより、長持ちします。

🟠 材料
少しやわらかめの干し柿
………………… 5～6個
砂糖……………… 60ｇ
　（柿の甘さで加減する）
塩………………… 小さじ1/4
レモン汁………… 30～40cc

🟠 作り方
❶干し柿は粗みじん切りしてレモン汁に30分ほど浸してやわらかくする。
❷①に砂糖を入れてフードプロセッサーで少し粒が混ざったペースト状にする。
❸塩を入れて甘さを加減する。
❹レンジ用器に入れて電子レンジ600Wで１分程度加熱する。

24. パウンドケーキ

Aに洋酒をふりかけておくと、なお美味しくいただけます。

材料（18cm型1個分）

A
- 粗みじん切りした干し柿…1個
- くるみ…6個
- 干しブドウ…大さじ2
- 粗みじん切りしたプラム…3個

B
- 縦切りした干し柿…1個

- 薄力粉……………………150g
- ベーキングパウダー……3g
- バター……………………75g
- 砂糖………………………80g
- 卵……………………150g（3個）
- 小麦粉…………………小さじ2

作り方

1. 型に少量のバターをぬり、パラフィン紙を敷く。
2. 薄力粉とベーキングパウダーは合わせてふるいにかけておく。
3. Aの材料は合わせて小麦粉をふりかけておく。
4. ボールに室温でやわらかくしたバターを入れ、よくかくはんし砂糖を加えクリーム状にする。
5. 卵は卵黄と卵白に分けて卵白はメレンゲ状にかくはんする。
6. ④の中に卵黄を1個ずつ加えよく混ぜ合わせてクリーム状にする。
7. ⑥に②の粉を4回に分けてふり入れざっくりと混ぜ合わせる。
8. ⑦の中にメレンゲにした卵白と③を加えて軽く混ぜ合わせて型に入れる。
9. ⑧をとんとんと2回程度少し持ち上げて落としてから180℃のオーブンで30分くらい焼く。12分ほどで表面が固まった時に、Bの干し柿をのせて再び焼く。
10. 型からはずし、紙をはがし冷めてから切り分けていただく。

25. いとこ煮

おやつにぴったりです。

材料（2〜3人分）
- 干し柿……………… 1〜2個
- 里芋………………… 2個
- さつまいも………… 100g
- かぼちゃ…………… 100g
- 砂糖………………… 大さじ3
- 塩…………………… 少々
- 水…………………… 400cc

作り方
1. 里芋は一口大に切り、下煮してぬめりをとる。
2. さつまいもは里芋に合わせてサイコロ切りをし、水にさらし、水切りしておく。
3. かぼちゃも一口大に切る。
4. 干し柿は6等分くらいに切る。
5. 鍋に干し柿以外の材料を全部入れて、やわらかく煮てから最後に干し柿を入れざっくりと混ぜて、一煮立ちしたら出来上がり。

26. 柿ゆべし

会津のゆべしに柿を入れてみました。

材料（蒸し器1つ分）
- 干し柿……………… 2個
- 小麦粉……………… 100g
- 水…………………… 300cc
- ざらめ糖…………… 70g
- しょうゆ…………… 大さじ2

作り方
1. 干し柿は粗みじん切りをする。
2. 鍋に水半分（150cc）・ざらめ糖・しょうゆを入れて沸騰させ、ざらめ糖を煮溶かし冷ます。
3. ボールに②・残りの水・小麦粉を入れて静かに混ぜ合わせてから、粗めのザルでこす。（こし器でなくてもよい）
4. 流し箱に③を流し入れて蒸し器で20分ほど蒸す。途中、10分程度で表面が固まってきたら干し柿を散らし入れ、さらに蒸す。竹串を刺し、生地がくっついてこなければ蒸しあがり。
5. 冷めたら型から取り出し、適切りしていただく。

27. 柿あんの揚餃子

まるで月餅のような美味しさです。

🎃 作り方
1. 干し柿・銀杏・くるみ・黒砂糖はあらかじめ粗みじん切りしておく。
2. 小麦粉は、フライパンで少し色づく程度に空煎りしておく。
3. フライパンにごま油を敷き、弱火にして①・②・すりごま・塩を入れよく混ぜ合わせて10等分する。
4. 餃子の皮のフチを水で濡らし、餃子を作るように③を包み込み、綴じ目が縄目になるように綴じる。
5. 170～180℃の油で揚げる。
6. いただく時に粉砂糖をふりかける。

🎃 材料（10個分）
干し柿	2個分
銀杏	20粒
くるみ	20粒
黒砂糖	大さじ2
すりごま	大さじ2
塩	少々
小麦粉	大さじ1
餃子の皮	10枚分
ごま油	小さじ2
粉砂糖	少々
揚げ油	適量

28. 柿大福

やわらかい干し柿で作ってみました。とろけそうな甘さでいっぱいです。

材料（4個分）
やわらかい干し柿……… 2個
白あん……………… 大さじ4
（既製品の白豆煮をつぶしても可）
ライスペーパー………… 4枚
水………………… 大さじ2

作り方
① 白あんは4等分して丸めておく。
② 柿を広げて縦半分に切り、中に白あんを入れて包む。干し柿がかたい時は砂糖と水を沸騰させた中に干し柿を浸しておく。使う時には、水気をふきとる。
③ ライスペーパーはさっと水をくぐらせてから布巾の上にのせて②を包み込む。

29. 柿のしそ巻き

会津の伝統的なおやつです。

材料（10個分）
干し柿………………… 10個
黒砂糖……………… 大さじ5
青しその葉を塩漬けしたもの
………………………… 10枚
煎茶………………… 適量

作り方
① 塩漬けした青しその葉を30分くらい水にさらし水切りしてから、干し柿を包み、器に並べる。
② ①の上に黒砂糖をふりかけ、煮立った煎茶をかけて20日ほど置いていただく。（お茶でなく、焼酎漬けにする地域もある）

30. シュトーレン

クリスマスに作っていただきましょう

🎃 材料（1本分）
- A 薄力粉 …………… 150g
- ベーキングパウダー … 3g
- B クリームチーズ …… 50g
- 砂糖 ……………… 40g
- 溶き卵 …………… 1個
- C 洋酒につけて粗みじん切りした干し柿 …… 2個
- 洋酒につけたドライフルーツ …… 50g
- 刻みくるみ ………… 50g

- 溶かしバター …… 大さじ2
- 粉砂糖 …………… 少々

🎃 作り方
1. Aの薄力粉とベーキングパウダーは合わせてふるいにかけておく。
2. ボールにBのクリームチーズと砂糖を入れてよくかくはん機で混ぜ合わせてから、溶き卵を加え、さらになめらかにする。
3. ②の中に①の粉を少しずつふり入れて、そのつどへらで、ざっくりと混ぜ合わせる。
4. Cの材料は水気をキッチンペーパーに包んでふきとってから予備の薄力粉大さじ1くらいをふりかけ、③の生地にふり入れてざっくりと合わせる。
5. 手で、生地をだ円形にしてから中央をくぼませて2分ほど置く。
6. オーブン皿にクッキングシートを敷き、その上に⑤をのせて170℃のオーブンで30分ほど焼く。竹串に生地がついてこなければ焼き上がり。
7. 熱いうちに溶かしバターを全体にぬり、粉砂糖をふりかける。

31. 柿入りドーナツ

ホットケーキの粉で作れる簡単ドーナツです。

材料（8〜10個分）
- 刻み干し柿……………… 2個分
- ホットケーキミックス……………… 200g
- バター……………… 20g
- 砂糖……………… 20g
- 溶き卵……………… 1個
- 牛乳……………… 大さじ1
- 小麦粉……………… 適量
- 揚げ油・グラニュー糖 … 適量

作り方
1. ボールにやわらかくなったバターと砂糖を入れてクリーム状になるまでよく混ぜ合わせてから、溶き卵を入れ、よくかくはんする。次いで牛乳を入れてなめらかになるまでよく混ぜる。
2. ①にホットケーキミックスを3回に分けて入れ、そのつどざっくりと混ぜる。
3. 刻み干し柿に小麦粉をふりかけ、へらで軽く混ぜてから②の中にふり入れ生地をまとめて冷蔵庫で20分寝かす。
4. 台にラップを敷き、小麦粉をふり、その上に③の生地を1cmの厚さにのばし大小のコップを用いて穴をあけ、160℃程度の油で数回裏表を返しながら揚げる。熱いうちにグラニュー糖をまぶす。

I 会津みしらず柿 丸ごと いただきます

「応援シェフ」
上級食育アドバイザー　パン工房 會・マチエール主宰
馬場正佳先生のクッキング講座

会津の伝統野菜をはじめ、穀類から、調味料にいたるまで、栄養素が豊富に含まれている会津の食材にとことんこだわり、大人の健康作りはもちろん子ども達の身体に優しく、喜ばれるパン作りを目指して日々研鑽しています。

親子クッキング教室

ピッザ
かんたん、ふわふわ生地は、たくさん作って冷凍しておくと便利です。

ピッザソース
ソースもたくさん作って冷凍して、スパゲッティ・ハンバーグソースにしても美味しいです。

❶干し柿入りピッザ

※生地
●材料　（パイ皿20cm用2枚分）
薄力粉・強力粉…各100g　卵黄…1個分　牛乳…100cc　砂糖…大さじ1
塩…3g　ドライイースト…6g　溶かしバター…大さじ2
オリーブ油…大さじ1

●生地の作り方
①薄力粉と強力粉は合わせてふるう。
②牛乳はひと肌に温める。
③ボールに卵黄・牛乳・砂糖・塩・ドライイーストを混ぜ合わせてから①をふり入れてざっくりと合わせる。
④③の生地に溶かしバターを入れ、手にくっつかなくなるまでこねる。
⑤濡れ布巾をかけて30分置く。
⑥膨らんできたらガス抜きをし2等分する。
⑦麺棒で3mmの厚さにのばし、パイ皿にはりつけるようにのせて生地全体にフォークで穴をあけ、オリーブ油をぬる。生地の上にピザソースをぬり、好みの材料、とろけるチーズをのせて180℃のオーブンで15分焼く。

※ピザソース
●材料
トマト…2個　にんにく…3片　玉ねぎ…1個　セロリ…1本　会津地鶏のひき肉…100g
オリーブ油…大さじ5　ケチャップ…大さじ5　砂糖…大さじ1
塩…小さじ1　ハーブ（オレガノ・ローリエ・バジル等）少々

●ピザソースの作り方
①トマト・にんにく・玉ねぎ・セロリはみじん切り。
②鍋にオリーブ油を入れ、にんにくを香りが出るまで炒めてからひき肉・玉ねぎ・セロリを炒める。火が通ったらトマト・ケチャップ・砂糖・塩を加え、とろみが出てきたらハーブを加えて味をととのえる。

※ピザの具材
●材料
干し柿…2個　アボカド…2個　トマト…1個　クリームチーズ…80g
とろけるチーズ…80g　会津地鶏の胸肉を蒸したもの…100g　バジル…適量
○材料は、それぞれ食べやすい大きさに切って2等分し、生地にのせる。

❷干し柿入り米粉蒸しパン

●材料（4人分）
干し柿…2個（150g）　水…50cc
米粉…270g　きな粉…30g　砂糖…24g
米飴…20g　味噌…18g　米油…16g
片栗粉…5g　水…30cc
ドライイースト…3g　ぬるま湯…250g

●作り方
① 干し柿は水に浸してやわらかくし4等分する。
② 片栗粉と水を合わせて沸騰させ、のりを作り、ひと肌に冷ます。
③ ぬるま湯にドライイーストを入れ、その中に②を混ぜ合わせて20分程度発酵させる。
④ ③に米粉・きな粉・砂糖・米飴・味噌・米油を入れて生地を作り、30分寝かせる。
⑤ ④の生地を広げて干し柿を練り込み、だ円形に形成して蒸し器で沸騰させない程度で25～30分蒸す。
　 冷めてから切り分ける。

❸干し柿入り甘酒くるみパン

●材料（4～5人分）
干し柿…2個　水…50cc　くるみ…40g
米ぬか…25g　甘酒…50cc
酒粕…20g　砂糖…15g　塩…3g
ドライイースト…3g　水…200cc
小麦粉…250g　菜種油…15g

●作り方
① 米ぬかとくるみはフライパンで軽く煎っておく。
② 干し柿は水に浸してやわらかくしてから適切りする。
③ 柿・くるみ・菜種油以外の食材を全部合わせて、手で軽くこねてから干し柿とくるみを入れて混ぜ合わせ一つにまとめる。濡れ布巾をかけて30分室温に置く。
④ ③の生地を50gに分割し、丸めて布巾をかけてさらに30分置く。
⑤ カップ型に菜種油をぬり、生地を平べったくのばしてねじり、カップに入れて30分置いて二次発酵させる。
⑥ あらかじめ温めておいたオーブンに入れ焦げをつかせないように注意し、200℃で25分焼く。熱いうちに型からはずす。

日本各地の美味しい干し柿料理

1 秋田の食より
かに天ぷら

- 干し柿とごぼうを使った料理です。
- 干し柿は2つ切りにします。ごぼうは干し柿の倍の長さ（7㎝）の細切りにします。
- 干し柿に天ぷら用の衣をつけて、その上に衣をつけた細長いごぼうを4、5本のせて揚げます。
- 盛り付けは柿の方を上にして盛り付けると、形がまるで蟹のように見えるので、「かに天ぷら」といいます。

2 神奈川の食より
干し大根の柚子巻き

- 大根は太いものを選び、薄い輪切りにしてしんなりする程度に日陰干しにします。
- 柚子・生姜・干し柿は、マッチ棒くらいに細く切ります。
- これらを芯にして大根で巻いて、木綿糸を通してカリカリになるまで寒風にさらし、乾燥して保存しておきます。
- いただく時には三杯酢に漬けてやわらかくしていただきます。

3 長野の食より
柿ようかん

- 干し柿に白い粉ができると作ります。
- 干し柿のへたと種をとり、平らにのばします。
- 容器にのばした干し柿を入れ、その上におろし生姜を詰めます。その作業を数段重ね入れ、器の隙間にもおろし生姜を詰め入れます。
- 4、5日過ぎると、食べられます。夏まで食べることができます。

Ⅰ　会津みしらず柿　丸ごと　いただきます

4 静岡の食より
柿　餅

- 小豆をやわらかく煮ます。
- この中に、柿の皮を干したものや干し柿を混ぜてすりこぎ棒でつぶし、少し塩を入れて、牡丹餅のように丸めていただきます。
- お茶摘みの頃によく食べます。

5 愛媛の食より
田植えおいり

- もち米（はぜ）・3月3日のひなあられ・大豆など炒ったものをおわんに入れ、この中に干し柿1個を入れていただきます。
- 田植えの時の間食として食べられてきました。

6 新潟の食より
七草粥

「せんたるたたき　唐たたき　よいの鳥も　夜中の鳥も　渡らぬうちに　はよ　たたきましょ」
- 七草粥はせり・昆布・栗・青大豆・かたいたらの芽・串柿・青菜・餅で作ります。
- 米3合と神棚に供えた丸い小さな餅7個・青大豆・昆布・水を鍋に入れて中火で煮ます。餅がやわらかくなったら叩いておいたせり・たらの芽・青菜・柿・栗を入れて一煮立ちさせます。

7 山口の食より
ぜんざい

- 小豆・干し柿・餅。
- お汁粉の中に餅と干し柿が入ったものです。

コラム1 『鬼平が「うまい」と言った江戸の味』「柿の味醂かけ」

　『鬼平犯科帳』（文春文庫）は、池波正太郎によって書かれた江戸時代の火付盗賊改方の鬼平こと長谷川平蔵が悪を取り締まる痛快な時代劇で、テレビドラマでも人気です。この物語の中にはいろいろと美味しい食べ物が出てきますが、なかでも「これはしゃれたものだ」と言ったのは「柿の味醂かけ」とか。

　江戸料理再現の第一人者である福田浩氏による作り方は、柿を適当な大きさに切って皮をむき、味醂を鍋に入れて煮きってアルコールを飛ばし、煮詰めて蜜を作り冷やしてから柿にかけるだけ。味醂のとろりとした奥ゆかしい甘さが、柿の甘さと交わって絶妙です。

コラム2 『江戸時代料理本集成』にみる柿の料理

　この集成本には、江戸時代に刊行された料理本50冊以上が掲載されています。その中で当時の柿について記載されているところを抜粋します。

1）「和漢精進料理抄」（元禄10年〈1697〉）
　　第7巻　P274
　① 柿の用いるよう
　木練りにても、木ざわにても、青く、未だ熟せざる渋気強気時取り同じ柿の葉にてよく包み、柿のみえぬように藁にてくくり、その上を藁つとに入れて柿一つ一つ上下をくくり、柿と柿がすりあわないように包むなり。つとは、厚くとも、薄くともなくほどよく、柿の皮の見えぬようにいたし、陰（日陰）に吊り置くなり。もっとも、雨露にかくる所、よくよく忌むべし。

2）「当流節用料理大全・四條流」（正徳4年〈1714〉）　第5巻　P280
　甘く冷えもの毒なし
　耳、鼻、気を通じ気うらを補い、心肺をうるおし、タンを消し、胃を開く。血を吐く人に与えて良し。カニと同食せば、腹痛み、必ずくだる（下痢）なり。

3）「料理綱目調味抄」（享和2年〈1802〉）
　　第5巻　P53
　柿は冷やしもの、膾、和え物、水菓子

4）「素人包丁」（文化10年〈1813〉）第7巻
　① 柿寄せ　P263
　ぎおんぼうのあと先、種をもとりすてて、幾数（いくつ）にても、包丁のむねにて抱きよせ、前の如く、極上の葛に寒ざらしを入れていかにもよくたたき、銀杏、木耳、の二品を掻き交え程よくとりてかやの油にて揚げ、菓子椀、坪、または代引きなどに用ふべし。

②　柿けんちん　P262

　ぎおんぼうのあと先を切りとり、種を取りのけ、小口切りより刻み、数はその時の積にまかせる。たたいてから、すり鉢に入れてよくすりつぶし、そこへかんざらし粉と極上の葛粉を等分にし、柿の多少ともたいてい三分ほどのつもりに加えて良く摺り合わせ、堅くば、少し水にてゆるめ、生湯葉一枚おきてその上に右のすり合したる物を延べて牛蒡の繊切り、三つ葉の茎、きくらげ、しいたけ等を総て一緒に味付けし、よく上に並べて端よりきりきりと巻き、巻き止めもつなぎにて止め、その後からごま油などで揚げて小口切りにして、取り肴、重引、などに用いるべし。干し山椒を刻んで入れてよし。

③　白和え　P264

　ぎおんぼうの端先種をとり、包丁の胸でたたき、まえのごとく、繋ぎを入れてたたき交ぜ銀杏一つ中に包みて丸めてかやの油にて揚げ、木耳（きくらげ）、百合根などと一緒に白和えすべし。もっともこの白和えは、豆腐一丁に白味噌四分摺り合わせて用いる。小鉢にいれて出す。胡麻は用いるべからず。

④　黒和え　P264

　柿に銀杏一つ包み、かやの油で揚げ、白味噌四分と豆腐一丁水気を絞り、良く摺り合わせ、黒豆を味醂にて煮出し、その汁にほどよく混ぜて摺り伸ばし、和えて出す。もっとも、黒豆をいかにもよく煮出すべし。味醂二合を六尺ばかりに煮詰めて用いる。

⑤　海苔たたき　P264

　ぎおんぼうを包丁のむねでよくたたき、そこへ浅草のりを火どりもみ合わせ細かにして、右の柿をたたき混ぜ、生酢にて少し和え、小鉢に入れて出すべし。

⑥　大根たたき　P264

　ぎおんぼうをたたき、大根おろしをしぼりて、水気をとり、一緒によくたたきあわせて、

生酢にて少しゆるめ、小鉢に入れて、上から青のりを火どりして細かくしかけるべし。

⑦　柿衣　P264

袋のごとく広げて大きな栗を一つ焼き栗にして小麦粉のつなぎにまぶし入れて口をうどん粉のつなぎで止めてごま油で揚げて小口切りし、取り肴、代引きに大平菓子椀など用ふべし。

⑧　柿しんじょう　P265

種、上下よくとり、小口より薄く刻みて、目無しのすり鉢でよく摺り、水にて薄めてのばし毛すいのうで漉し、しばらくおいて上澄みの水をとりわけ、別に山芋をすりおろし、よく摺りたる上に極上の葛と寒ざらし粉と水にのばしたるを入れ、右の柿の精(じん)と一緒に摺り合わせよくのべたるを借置に入れて蒸すべし。蒸しあがりたるをよく冷やしていかようにも切り分けて。菓子、椀、坪、吸い物、大平の梅椀などに用いるべし。

あしらうものは、岩茸、なめたけ、しめじ、松茸、木耳、のり類、根芋、蓮芋、ふき、銀杏、三つ葉、しいたけ、栗、これら、中にて十二種取り合わせあしらうべし。

吸い口は、その時の見合わせ好みに任すべし。

5）「料理調菜四季献立集」（天保7年〈1836〉）第8巻

①　柿酢　P308

柿をすり、その中へ酢を入れて漉して用ゆ。

コラム3　天保年間松平因幡守の婚礼献立にみる御菓子類

1）五種御菓子
　柿・羊羹・饅頭・花ぼうる・榧(かや)の実

2）七種御菓子
　柿・羊羹・饅頭・花ぼうる・榧の実・栗・巻きせんべい

いずれの場合も、江戸時代は干し柿の料理が中心であったと思われます。

柿の皮レシピ

1. 柿の皮粉入り香煎

🍊 **材料**
みしらず柿の皮
押し麦

🍊 柿の皮粉の作り方

❶みしらず柿の皮をむいて干し柿を作ったあとに残った皮は、天日でカラカラになるまで乾かす。

❷①をフードプロセッサーかすり鉢ですって粉にしてから茶こしでこす。

❸さらさらの柿粉ができる。

🍊 香煎の作り方

❶押し麦をフライパンで炒ってからすり鉢ですり、茶こしでこす。(市販もされている)

❷いただく時は香煎と柿の皮粉を好みで調合する。

2. 柿の皮入り浅利大根

🎃 材料（4人分）
- 柿の皮を干したもの… 2個分
- 大根……………………600g
- 浅利のむき身…………200g
- 根生姜…………………40g
- 大根葉……………………適量

※調味料
- 柿の皮粉…大さじ4
- みりん…大さじ3
- 酒…大さじ3
- しょうゆ…大さじ3
- 出し汁…大さじ3

🎃 作り方
1. 柿の皮は1cm長さに切る。
2. 大根は皮をむき、1cmの厚さに半月切りにし米のとぎ汁でやわらかく茹でる。
3. 大根葉は茹でて3cmくらいの長さに切る。
4. 根生姜は繊切りにする。
5. 鍋に調味料を全部入れ沸騰したら浅利を入れて中火で5分程度煮る。その後、具と汁を分けておく。
6. 別鍋に大根・柿の皮・根生姜を入れひたひたの水と浅利の煮汁を入れて、大根に味が十分にしみこむまで中火で煮詰める。
7. 最後に浅利の具を入れて一煮立ちさせる。
8. 盛り付け時に大根葉を振り入れる。

3. 柿の皮粉入りかんぷら味噌炒め

🎃 材料（2〜3人分）
- 小粒のじゃがいも………………20粒くらい
- 油…………………大さじ3

※調味料
- 柿の皮粉…大さじ4
- 水…大さじ4
- 味噌…大さじ3
- みりん…大さじ3

🎃 作り方
1. じゃがいもはレンジフードパックに入れて電子レンジ600Wで5分くらい加熱し、やわらかくする。
2. フライパンに油を敷き、じゃがいもを炒めて全体に油が浸透したら調味料を全部混ぜ合わせて加え、からめるように仕上げる。

Ⅰ 会津みしらず柿 丸ごと いただきます

4. 柿の皮を使った漬物

右上：三五八漬け、右下：芋床漬け、左：浅漬け

三五八漬け（ご飯 200g・麹 100g・塩 10g を混ぜたもの）・市販品使用可

🍊 材料
柿の皮	2個分
かぶ	1個
かぶの葉	適量
にんじん	1本
三五八の素	大さじ5

🍊 作り方
1. かぶは縦半分に切ってから適切りし、にんじんは3㎝長さの短冊切り、かぶの葉は3㎝の長さに切る。
2. 三五八の素をそれぞれまぶして漬物器に入れ、柿の皮を間に入れる。重石をのせて2、3日漬け込む。

芋床漬け

（茹でじゃがいもつぶし200g・ざらめ糖40g・塩30gを混ぜたもの）

材料
- 柿の皮……………… 2個分
- かぶ………………… 1個
- きゅうり…………… 1本
- にんじん…………… 1本
- 芋床………………… 大さじ5

作り方
1. にんじんは縦半分に切り、かぶは半分に切り、きゅうりは横半分に切る。
2. 芋床をまぶして漬物器に入れ、柿の皮を間に入れて、重石をのせて1、2日漬け込む。

※重石はおおよそ材料の2倍の重さにする。

浅漬け

材料
- 柿の皮……………… 適量
- 白菜………………… 2枚
- にんじん…………… 1本
- 浅漬けの素（分量に応じて使用）

作り方
1. 白菜とにんじんは3cmの短冊切りにし、柿の皮は1cmくらいに切る。
2. 浅漬けの素をまぶしてラップをかけ、お皿などの軽い重石をのせておく。

※次の日から食べられ、4日から1週間で食べきる。

5. ピクルス

材料
（500〜1000cc入り容器分）
- 柿の皮……………… 適量
- 大根・にんじん・玉ねぎ・きゅうり・ズッキーニなど
  ……………………… 適量

作り方
1. ピクルス液（市販物使用可）を作る。
   - 酢…200cc・水…200cc
   - 砂糖…大さじ4・塩…大さじ1
   - 唐辛子…1本・ローリエ…2枚

   これらをホーロー鍋に入れて沸騰させ冷まして使う。

2. 広口瓶に材料を詰め込み、①の液を注ぎふたをしておく。

   2日目から食べられ、5日目頃までに食べきる。

I　会津みしらず柿 丸ごと いただきます

Ⅱ　会津みしらず柿物語

　　　柿を食む　　　味実も希有なり　　　会津みしらず

　会津盆地の東方には、天正18年（1590）太閤豊臣秀吉が会津入りした時に越えてきた背炙山（標高871m）があります。その山裾の中央には、天平年間（729～749年）に僧行基が発見したという東山温泉、そして鶴ヶ城に向かって左側には、戊辰戦争で悲劇をもたらした飯盛山や会津藩主松平家の眠る御廟があり、右側には扇状形の広大なる柿畑が広がっています。秋半ばになると夕日を浴びて赤々と照り輝く柿が、どうしてそんなに実をつけるのか、枝が折れてしまわないのかと心配するほど、みごとに、たわわに成り下がり、背炙山を中心として作付けされてきたのが会津みしらず柿です。

　では、いつ頃から現在の焼酎のさわし柿が、食べられるようになったのでしょうか。一説によると、江戸時代後期の頃、偶然にして、空になった酒樽の中に渋柿を入れておいたところ、渋柿が甘くなったということで、渋抜き「樽抜き」といわれるようになったそうですが、会津でのさわし柿の記録はまだ不明です。江戸時代に記された『会津藩家世実紀』（寛永8〈1631〉～文化3年〈1806〉までの176年間の会津藩の歴史について記したもの）には進物として枝柿（当時の干し柿は枝を少しつけて縄にかけて作っていた）や御所柿は記されていますが、さわし柿の記載は残念ながら現在のところ、見当たりません。

　会津みしらず柿の歴史については、貴重な1冊で昭和56年（1981）頃に書かれた、会津若松市門田町御山の渡部初雄著『会津身不知柿誌』でおおよそうかがうことができそうです。

1　会津みしらず柿の1年

　1年間柿畑を取材したり、多くの方々からお話をお伺いして、会津みしらず柿の1年を写真を入れて簡単にまとめてみました。

会津みしらず柿の1年

原木から生えている柿の木

12月　柿木の剪定

雪に埋もれ、やがて春の訪れとともに雪は溶けていく

背炙山の裾野に広がる柿畑

４月中旬から若芽が一斉に芽をだす

柿の花が咲きいよいよ摘蕾・摘花・摘果が始まる

一枝にびっしり着いている柿の実は1個を残し、他は全部もぎとられる

摘果して一枝に1個ずつ

摘果した木としない柿の木

10月中旬から収穫開始

規格は機械にかけて1個1個選定

手作業でも選別して柿を箱詰

箱に詰め焼酎をかけて密封

会津若松市門田町御山の柿街道

美味しいみしらず柿をいただきましょう

干し柿も作ります

民家の畑に残された柿の実に雪が積もる

2 渡部初雄著『会津身不知柿誌』から
会津身不知柿の誕生から生産まで（抄録）

1） 会津不身知柿の原木

　昔、番仁屋敷、次郎左衛門屋敷、鍋屋敷という屋敷があり、その屋敷に植えた柿の樹が、身不知柿です。天正年間（1573～92年）に二本松市小浜町に住む夕安和尚が中国から柿の木を持ち帰り、それをまた誰かが小浜町から会津地方にもたらしたのです。どこにもない珍しい柿の木でしたので、その近くに住む土地の所有者である髙橋源三郎氏と髙橋茂三郎氏と我が家の先祖の3軒で、代々柿を大切に育てておりましたが、故あって柿の木のある土地は我が家の土地となりました。やがてふとしたことで、今から80年前（令和6年から数えると120年以上前）にその柿の木を切ってしまったのです。

　その切り株は直径1m40cmありまして、その後、その周囲より5本の柿の木が生えてきました。その他、根からも多数の柿の木が生えてきました。

　柿は豆柿の代木に接木しなければならないはずですが、その柿の木は、もともと原木の柿の木ですので、接木する必要がないのです。

　そこで、その柿が、原木であることを確かめるために、会津短期大学（現会津大学短期大学部）講師の福田要先生に調査していただいたところ、身不知柿の原木に間違いないということになったのです。

　その後、福島県庁から係員の方も調査に来られて、会津身不知柿独特の型をしているため間違いないと太鼓判を押してくれたのです。

　こうして会津身不知柿の原木といわれる樹齢350年から400年の切株から、会津一円へ接穂が供給されていったのです。

2） 会津身不知柿　御山柿組合のはじまり

　戊辰戦争（慶応4年〈1868〉）が始まると、この周辺の人々は、背炙山山麓の山奥へ避難いたしました。その時に、御山字館ノ内の小林兵庫氏と御山字三島の渡部（私の先祖）と御山字村下の山浦初太郎氏の3軒が、家族と一緒に同じ場所へ避難しておりまして、絆も深まり、今後、何があっても親類同様の付き合いをしていこうと固い約束をしたのです。（略）

　昔は、自分の畑で採れるものを、「畑売り」といって、柿の木の実も畑

売りをしていました。町（現会津若松市内）の商人柿屋が、吾も、吾もと畑買いに来て色づく頃になると、畑買いをしていったのです（※『若松市史第6巻』には江戸時代に柿屋の買い取った柿量の記載あり。また明治24年〈1891〉の若松産業一覧には、柿の生産高2,500駄で価格は2,500円と記載あり）。

そうした中で、明治40年（1907）に、山浦初太郎氏が東京と横浜で薬用人参の商用のため出張した際に、御山の柿を3箱持っていきまして、東京日本橋の上で、道行く人々に、御山の柿を寄進したのです。柿を食べた人々は「こんな甘い柿は、初めてだ」と大好評でしたので、ここにヒントを得て明治42年（1909）に、山浦初太郎氏の提唱で、小林宇三郎氏と渡部初太郎が共鳴し、御山柿組合を結成したのです。

その後、大正7年（1918）に10周年を迎えましたので、「御山柿十周年記念」と記した昇り旗を立てて黄色い手ぬぐいを鉢巻や首に巻いて、馬車に乗り、御山から紅白の餅を配りながら若松駅にある「丸通」へ行ったのです。その後、遠藤氏、栗木氏、大竹氏、城戸氏、佐藤氏など7軒が加入し、箱詰め作業場も小林家と渡部家の2箇所で行うようになりました（※『若松市史第6巻』には鉄道開通後〈明治31年〔1898〕開通〉は、名古屋市の枇杷島市場、京阪、北海道方面に移出していたと記載あり）。柿もぎりも共同、選果も共同で、天、松、竹、梅とサイズも決めて、その記載やら会計担当は小林宇三郎氏が一手に引き受けてくれました。

7軒の柿もぎりが終われば「竿洗い」といって共同で餅をつき酒肴で、柿もぎりの人や、箱詰めの人で大賑わいでした。

出荷が終われば、毎年、東京、横浜、名古屋、京都などの市場を見学し、最後に伊勢神宮を参拝してきました。当時の木箱は7貫匁入（約26kg）でした。小林氏は昭和26年（1951）まで組合長を務め、その後大竹義吉氏、城戸氏、佐藤氏で、私は昭和33年（1958）、34年（1959）と務めました。

大東亜戦争末期になりまして、昭和19年（1944）頃は資材購入も思うようにできなくなりまして一時中止しましたが、戦後は組合農家が38軒になり、御山柿生産組合となり、その後、北御山生柿生産出荷組合となって現在に至っています。

3） 柿の接穂

大正14年（1925）頃に、永井野村（現会津美里町永井野）へ、1本1円から2円程度で、何百本も取って分けてあげましたが、それが永井野村の

柿畑となったのです。（略）

4） 昭和33年の「全会津観光と物産展」出荷条件

北御山、南御山、南青木、面川の門田生柿生産組合では、東横デパートに初めて出店するにあたって下記のように定めました。

- 選別は、県規格として天は55匁（約210ｇ）以上、松は45匁（約170ｇ）以上のもの。
- 選果は、色廻りに注意し、青玉・傷物は詰めぬこと。
- 荷造は、従来通りの荷造りで、縄はキの字掛けとすること。
- 荷印は、生産者の荷印と等級、詰日をはっきりとすること。
- 焼酎は、粕取り焼酎を使用し１箱当たり１合使用すること。粕取り焼酎は組合で一括購入する。
- 箱詰は、10月25日から29日詰のもの。
- マネキンは１人800円、補助人夫２人で１人当たり400円程度とする。
- 宣伝用ポスター写真は柿もぎ、箱詰、出荷の写真と柿の木を屋内に飾る。
- 出品の単価は天1,500円、松1,300円、竹1,000円とするもの。

こうして出店にこぎつけ、好評も得ましたが、傷物、青柿、熟し柿などもありました。11月11日の出品時にアンケート調査なども行いましたが、今後の研究と改善をさらに必要とすることがわかりました。

当時は天、松、竹の区分でしたが、昭和48年（1973）にはＬＬ、Ｌ、Ｍ、Ｓに変更し、出荷していきました。（略）

表－１　会津不身知柿価格表（御山）　15kg入り　　　　　　　　　　（円）

等級	昭和48	昭和49	昭和51	昭和52	昭和53	昭和55
ＬＬ	2,600	3,200	3,200	3,700	4,200	4,500
Ｌ	2,400	3,000	3,000	3,300	3,800	4,200
Ｍ	2,100	2,700	2,700	3,000	3,500	3,800
Ｓ	1,700	2,300	2,300	2,500	3,000	3,200

5） 会津身不知柿の名称の由来

御山の柿は、粕取り焼酎で渋抜きをした後は、糖度が17度以上あり、味も舌ざわりも抜群です。この柿の美味しい理由は、夕日に照らされて、朝は山があるために太陽が昇るのが遅いため、若芽の頃の霜害を受けることもなく、こうした地形的、天形的な恵みも関係しています。

身不知柿と言われるようになったのは、あまりにも渋味が強くて種子になることができず、子孫を増やすことを知らないので身知らず、またあまりにも美味しいので、我が身も知らないで食べてしまうので身知らず、また、我が身も忘れて折れんばかりに実がなるところから身知らず、そしていつの時代か不明ですが、殿様に献上したところ、殿様がこんなに美味しい柿をいまだかつて食べたことがないので身知らず、などが身知らず柿と言われるゆえんです（※会津の殿様と記された文献は現在のところ見当たらず、また江戸時代の『会津農書』〈貞享元年〔1684年〕〉には焼酎の粕を使って稲作の肥料として使用していたという記載があるため焼酎はすでに造られていたが、身不知柿をさわすことに使われていたという文献は見つからず）。

6）　会津みしらず柿のうた

　門田町御山に住んでいた渋川リンさんは、昭和23年（1948）、1年余り入院生活をした時に、皇室献上柿でもある会津身不知柿を後世にぜひ残していきたいという思いから「会津みしらず柿のうた」を作詞しました。
　節は「芸者ワルツは思いでワルツ」で歌います。
　　　「私や会津のみしらず柿よ　　色付く頃に見染められ
　　　　せまい木箱に積み入れられて　　焼酎飲まされ十日の夢路

　　　　醒めりゃ色付き此の身も甘い　　知らぬ他国で紐とかれ
　　　　知らないお方の手に乗せられて　皮をむかれて丸々裸

　　　　想いは懐かし会津の空に　　はなればなれのあの友に
　　　　今じゃネオンのこの繁華街　　主のくちづけ只待つばかり」

歌詞入りの手ぬぐいも作り、当時おおいに流行りました。

7）　献上柿

　大正6年（1917）から皇室へ献上しております。昨年は7宮様におあげさせて頂きました（※当時の7宮さまとは陛下、秩父宮家、高松宮家、三笠宮家、三笠宮家の各々、宮殿下のことか）。知事をはじめ、北会津地方事務所長殿などの土産柿としているところですが、この頃から「山は磐梯、柿は御山」と推賞されています。

昭和32年（1957）の初出荷では、京浜地区へ300箱を生産し、出荷いたしました。
　御献上柿について昭和32年の読売新聞には「会津みしらず柿のご献上は、旧会津藩士の肝煎（きもいり）たちによって大正10年（1921）から毎年続けられ、戦後は一度途絶えましたが、昭和26年から復活したものです（一説には昭和3年〈1928〉会津藩主松平容保公の孫の勢津子さまが秩父宮妃殿下となられたのを記念してご献上されたともいわれている）。今年（昭和32年）は大豊作の出来でして、組合員35名が特にえりすぐって持ち寄った1個80匁（300ｇ程度）前後の最高級品ばかりです。先月10月28日に渋抜きをして、食べごろになったのを1個ずつ白紙に包み、1日がかりで7つの特製箱（1箱5貫匁（約18.8kg）入りに詰め、県の秘書課の職員が持って11月11日の夜行で上京しました」と記されています。そしてその様子を収めた写真には35名の組合員がおり、その中には元気になった渋川リンさんの姿もあります。みなさんで、手ぬぐいをかぶっていましたが、「会津みしらず柿のうた」の歌詞入りの手ぬぐいです。

8）あとがき
　この会津身不知柿誌の本を作成するにあたり大変苦労して作りました。この本を土台にして若い人たちにやって頂きたいです。

　この渡部初雄氏著『会津身不知柿誌』から、会津みしらず柿が、努力と熱意によって育まれてきた、稀にみる柿であることがうなずけます。

3　会津みしらず柿の原木を訪ねて

　果たして、この切株が残っているかどうか、御山の渡部家を訪れ、渡部初雄氏の息子さんにお会いしたのは、平成20年（2008）のことです。背炙山の裾野には、見渡す限りの柿畑。残念ながら原木の切株を見つけることはできませんでしたが、その跡を囲むように、数本の柿の木が、天高くのびのびと育っていました。渡部氏の話によると「一般に柿の木は剪定して低くなっていますが、これは原木から生えてきた柿の木なので、剪定などせずに自由にはやしておる

のです」。

　訪れた時期が３月の春先でしたので、背炙山の頂きから流れ出る雪どけ水が果てしなく広がる柿畑一帯にまんべんなく行き渡り、その柿の根元から、ごっくん、ごっくんと木々たちの飲み込む音が聞こえてくるようでした。この美味しい水の恵みを受けたみしらず柿だからこそ、みずみずしい柿が生まれてくるのだとつくづく感じさせられました。水をたっぷり含んだ柿の枯れ葉と、萌え出たばかりの草葉のふわふわのじゅうたんの上を楽しみながら踏みしめてきました。

　そして令和の今も変わりなく、原木の子孫は威風堂々と天に向かって突き進んでいます。

４　会津みしらず柿のふるさと 二本松市小浜の西念寺を訪ねて

　明治43年（1910）に着手され昭和16年（1941）に刊行された『若松市史上巻』には、次のように記されています。

　　会津に産する柿は、御所と身不知の２種類が多く、生産の割合は前者が２、後者が８の見当にて、その生産地域は、会津若松市を中心に、北会津郡、耶麻郡、大沼郡、河沼郡の１市４郡なり。特に生柿は南方小山村・堤澤村の産のものを最良とし、干し柿は耶麻郡・河沼郡の産を最良とす。柿樹は、苗木を移植し、７、８年で結実するが、25から30年のものが最も多く、10年以内のものはこれに次ぐ。
　　中には100年から300年の古木もあり、柿の実の量は25年から30年のものが１本で約40貫目、10年以内のものが１本で15貫目、100年以上のものが１本で70貫目の見当なりという。販路は東北各県内１、東京中心５、関西地方１、北海道３の割合にて出荷し、昭和15年（1940）の生産柿は97,800貫目で、価格が48,700円なり。身不知柿は、今より500年以前、現在安達郡小浜町に残りいる西念寺の住職が修行のため諸国を行脚し、支那に渡りし際、種子を持ち来り、これを蒔き栽培せることに始まりと伝えられる。その後、苗木を会津に移植せしに地味の適せるものか、結実非常に良好に

して、特に甘味、水分の含まれていること、品質の優秀なること他に類を見ざる好成績を収め得る。

　そこでこれらの真意を確かめたく、安達郡小浜町（現二本松市）へ訪れたのも平成20年のことです。
　折しも、11月下旬にて、紅葉はすでに見られず、丸裸の木々が山間の小浜町へと続いていました。小浜町は合併により、現在は二本松市になっています。
　二本松市岩代地区の標識が見えはじめると、道の両側には赤く色づいたみしらず柿が出迎えてくれました。さすがみしらず柿の故郷です。
　二本松市役所岩代支所には、「岩代みしらず柿」の特産物用のパンフレットと岩代みしらず柿が展示してありました。これから本格的に取り組んでいくということでした。

　町中に入ると西側の小高い丘の上に、西念寺が見えてきました。見上げる山門には、通称「西念寺柿」（せーねんじかき）といわれている柿の実が、ぎっしりと実り、重たげに成り下がっていました。
　「いや、よく来たね。さあ、どうぞ、どうぞ」と当時の西念寺の14代住職でおられる大島氏が、本堂の奥に安置されている夕安上人様坐像まで案内してくれました。

夕安上人

　　この方が夕安上人様でしてね。安土桃山時代（1576～1592年）の終わり頃の方でして、当家に代々伝わる過去帳には、夕安上人様が中国に修行に出かけて帰る時に、柿の種子を持ち帰り、栽培し、檀家の方々に御馳走し、美味しいことから、やがてこの小浜町周辺で広めて栽培されるようになったことが記されておるのです。こうして、この柿を西念寺柿と呼ぶようになり、安積地方、田村地方、二本松地方、本宮地方を経て会津地方にまでも伝来していったんですね。
　　会津には、天正17年（1589）伊達政宗と会津領主葦名義広が摺上原で戦った頃に持ち運ばれて栽培されるようになったといわれているのですがね。この時代には、現在の会津清酒で有名な宮森家が小浜城を治めておりましてね。西念寺は宮森家の菩提寺でした。しかし、伊達政宗の侵略によって城を明け渡し、宮森一族は会津に行って生活するようになったということ

です。そしておそらくこの会津移動の時に、西念寺柿の苗木が運び込まれ、最初に移動した先が現在の会津鶴ヶ城の東側周辺で、現在会津みしらず柿発祥の地といわれる御山地区に近い所だったようですね。これが会津みしらず柿の由来のようです。

私は、夕安上人様が本当に中国から持ち帰ったものなのか知りたくて、夕安上人様が修行なされたといわれる中国の大原にある「玄中寺」へ行って確かめてきましたが、何と大きな柿の木がありました。一緒に行った檀家のみなさんも「あった！ あった！」と大喜びでした。ひたすら、この夕安上人様の業績を讃えないわけにはいきません。何といいましても、東北の、そして福島の果物王国の先駆者といっても過言ではありませんね。

ご住職の夕安上人に対する熱い思いを伺い、私自身もぐっと熱いものがこみ上げてきました。

かつて宮森家が築き上げた上館城址と下館城址に登り、あらためて、三春、浪江、福島からの街道がちょうど交わる大きな城下町と宿場町を兼ね備えた所であったことがうかがえました。城趾のいにしえの街道沿いにある、伊達輝宗の御用水だったという御前清水を手ですくっていると、近くに住んでいるというおばあさんがやってきて、

「私が嫁に来た頃は、毎日ここへ水汲みに来たもんでね。今ではすっかり寂れてしまって、時々狐が来て遊んでいるがね」「狐ですか」「そうだよ狐にも縄張りがあってね。むこうとこっちで雄叫びあげているよ」。

江戸時代の街道も新道ができると、こんなにも閉ざされてしまうものかと残念に思います。

帰る途中、二本松市から大玉村、本宮市、磐梯熱海までは、江戸時代の二本松街道を通り、柿の木を見つけると、古老にその名称を尋ねてきましたが、渋柿はみな「せーねんじかき」でした。ところが、中山宿まで来ると「せーねんじかき」と「みしらずかき」の２つの名称で呼ばれており、楊枝峠を越えた猪苗代町壺下（つぼおろし）から会津一帯では「みしらずかき」と呼ばれ、「せーねんじかき」という人は誰もいませんでした。江戸時代の会津藩と二本松藩に関係しているのかもしれません。ちなみに江戸時代は会津藩領だった新潟県東蒲原郡阿賀町津川でも渋柿は「みしらずかき」と呼んでいます。

さて、宮森家のその後については、当時花春酒造社長の宮森氏にお伺いしました。「宮森一族は、小浜城開城後は、会津地方と宮城県伊達家との２つに分かれて移住し、宮城県から岩手県前沢城主となり、やがて宮守村へと移住して

いった」とのことでした。

　果たして岩手県前沢村（現奥州市）や宮守村（現遠野市宮守町）にも西念寺柿が伝来されていったのかが知りたくなり、それぞれの役場へ問い合わせてみたところ、前沢村にはいろいろな種類の柿はありましたが、みしらず柿系の柿はなく、宮守村は気候のこともあり、柿の木自体がほとんど植えられていないということでした。

　ちなみに奥会津地方には、寒さのために育たない地域もあるため、みしらず柿が栽培されていない所もあります。金山町の伝統食「山椒ゆべし」には、砂糖が手に入らなかった時代に、みしらず柿の皮を乾燥して粉にしたものを会津若松から買い求めて使用していたといいます。

5　さわし柿用の粕取り焼酎

　日本の柿の種類は1000種類以上あるといわれており、渋柿が多く、会津みしらず柿も渋柿です。明治45年（1912）に国の機関である農商務省農事試験場園芸部の調査では、甘柿と渋柿合わせて937種類ありました。

　柿は未成熟の時には、甘柿と渋柿のどちらにも渋み成分のタンニンが散在していますが、甘柿は成長するにつれてタンニンが固まり合って不溶性分になるため、食べた時に甘く感じます。渋柿は成熟しても不溶性になることができず、分散したまま果肉の中に残るため、食べた時に渋く感じるのです。

　そのため、渋みを感じなくなる方法が昔から考えられてきました。

　昭和初期頃の日本の一般家庭では、お風呂のお湯（42℃くらいがいい）の中に渋柿を入れ、お湯が冷めないように上からわらをのせて一晩浸しておいていました。温めることで、柿の中にアセトアルデヒドが作られタンニンを覆ってしまうため、渋みを感じなくなるからです。また、囲炉裏の灰の中に埋めて温めて渋抜きをしていました。

　他にも渋みを感じなくなる方法として、1ヶ月くらいかかりますが、塩漬けやぬか漬けにしていました。昔の人は、冬になるとこたつに入りながら、シャーベット状になった甘くてしょっぱい柿をおやつとして食べていました。

　しかし、会津みしらず柿はタンニンが多いため、様々な方法を試しても、うまく渋抜きができませんでした。そこで長時間天日に干すことによって、徐々

にタンニンを不溶性にして渋みを感じなくなる美味しい干し柿を作ってきました。また、むいた皮を干して粉にすることにより砂糖の代わりに食され、ゆべしや香煎と一緒に食べていました。さらに、白菜や大根の長期間塩漬けやぬか漬けの中に入れて、甘味のある漬物を作りあげてきました。

　さて、一方で生のまま美味しく食べられる方法も考えられてきました。

　それは、柿に焼酎をふりかけて2週間程度密閉していただくことです。前述したように、江戸時代後期に偶然にも酒樽に入れておいた渋柿が甘くなったことから「樽抜き」ともいわれています。焼酎は前述した『会津農書』にも記されていますから、すでに江戸時代初期には醸造されていたことがうかがえます。しかし、残念ながら、明治30年（1897）以前に会津みしらず柿を粕取り焼酎で渋抜きしていたという文献は未だ見出していません。

　平成20年に、宮森氏に粕取り焼酎についてお伺いしました。

　　この粕取り焼酎は、清酒を搾った板粕に水を入れて数ヶ月発酵させ、ここにもみ殻を混ぜて、もみ殻の焦げ臭い香りがするまで蒸します。そうすることによって発生するのがアルコールを含んだ焼酎で、これを抽出機にかけてアルコールを抽出しますが、これを単式蒸留機といいます。一般に乙類の焼酎に分類されたアルコール濃度45％以下のものです。今から40〜50年（令和6年からでは70年くらい前）になりますかね。みしらず柿の渋抜きの実験が行われましてね。一般の焼酎とガス抜きと粕取り焼酎の3つの方法で、どの方法で行ったものが最も美味しいさわし柿ができるかを実験したわけですが、やはり、粕取り焼酎が最も美味しかったのです。以来、御山のみしらず柿はずっとこの粕取り焼酎を使っていただいております。ちなみに、花春酒造では江戸時代から粕取り焼酎を醸造してきました。

　　日本には、日本三大焼酎といわれるものがありますが、沖縄の泡盛、奄美大島の黒糖焼酎、そして東北の粕取り焼酎です。江戸時代の会津の武士たちも、清酒は一般に高かったものですから、気軽に飲めるものではなかったようですね。そこで重宝されたのが粕取り焼酎だったのです。一方、酒粕にお湯を入れて溶いたものを「握り酒」といって飲まれていましたが、アルコール度数が低いものですから物足りなかったようです。農村においては、田植えが終わった後に飲む酒を「さなぶり焼酎」といいますが、この粕取り焼酎が飲まれていました。また「正月さまっていいもんだ、油のような酒飲んで、紅のようなおよ（鮭）食って、雪のようなまま（白飯）食って」と正月さまの歌がありますが、ここでの油のような酒とは、とろりと

した粕取り焼酎のことでしょうかね。このように、生活に密着してきた粕取り焼酎は盛んに造られてきましたが、清酒の技術が確立され、大量に清酒が造られるようになりますと清酒へと移行していきましてね。ところが近年になり、健康志向も加わって粕取り焼酎が見直されてきているようです。

　会津にみしらず柿の原木を持ってきたのは宮森一族の関係者といわれ、またその柿の渋みをとる焼酎を製造しているのも宮森家。どこか偶然とはいえない何かを感じないわけにはいきません。

6　我が家の会津みしらず柿

　我が家には、商家ということもあってか、みよろど、馬場はっさく、大はっさく、そしてみしらず柿があり、どの木々も樹齢50年以上でした。みよろど、馬場はっさく、大はっさく、そして最後にみしらず柿と順に食べることができるように植えられ、収穫時期ともなると大勢で収穫したものです。

　みしらず柿は3本あり、味噌桶よりやや小さめの渋抜き用の桶に新聞紙を敷き詰めて焼酎をふりかけ、各人が焼酎を入れた茶碗を持ち、へたの部分に焼酎をさっとつけて、桶の中にへたとへたを合わせてきれいに詰めて、最後に残った焼酎を回し入れてから新聞紙やわらなどでぎっしりと敷き詰めて密閉し、2週間後を待ちます。今年はよく渋抜きができたとか、色づきが良かったとか、会話もはずみ3時の間食にいただいたものでした。

　柿の大好きだった義父は、夕食後ザルに5、6個のみしらず柿を持ってきて、テレビを見ながら、全部食べるのが習慣でした。胃を切除した人や糖尿病の人が柿を食べ過ぎると、柿のタンニンが胃酸と結合して胃石を作ることもあり、胃石によって胃閉塞や腸閉塞、しいては食欲不振・腹痛・嘔吐などを引き起こすといわれています。義父は、まったくその傾向は見られず、突然肺炎を引き起こし90歳で亡くなりましたが、週1回の料亭での無尽講に、行きは歩いて出かけるほど健康体そのものでした。柿の効能も関係していたのかもしれません。残念ながら令和の現在では、長屋の取り壊し、駐車場の拡張やら、家の新築、作業場の拡張やらで、みしらず柿は1本になってしまいました。

　我が家の収穫を終えた柿の木は、冬期間は静かに雪の中に覆われます。そし

て3月の雪解けとともに少しだけ剪定をします。4月下旬から若芽が萌えはじめると、若芽は天ぷら、柿の葉ご飯、お茶にして楽しみます。最近は鰊の山椒漬けで柿の葉寿司を作り、知人に試食していただき好評を得ているところです。

11月にはいよいよ収穫です。失敗せず簡単な方法で作ります。柿をもぎり、柿の数に見合った厚手の段ボール箱に新聞紙を敷きます。柿のへたの部分に1個ずつ焼酎をつけ、箱に並べていきます。箱の8分目になったら箱を閉じて2週間後の開封日を記入します。または、1個ずつ焼酎をつけず、10kg程度箱詰めにしてコップ1杯の焼酎をふりかけて密封します。開封時、それでも渋気が残っているような時には、柿5、6個にリンゴを1個入れて1週間密閉すると甘くなります。

会津若松市内の我が家の柿も西日がよく照るのですが、甘さは御山の柿に比べるとかなり低い糖度です。しかし、毎年会津美里町の鈴木家からいただくさわし柿は、しっとりと美味しい柿で、かなりの古木です。この柿の木も大正年間（1912〜1926）に御山から接穂されたものかもしれません。やはり、年間を通しての作業管理がいかに大切かがうなずけます。

7　会津みしらず柿のブランドは守れるか

会津若松市では、毎年「郷土研究作品」を募集しており、会津若松市に在住している小学校4年生以上の方々で会津地方の郷土にかかわる研究作品を募集しています。令和4年の作品の中に、御山在住の小学6年生の渡部陽菜さんの作品「御山産会津みしらず柿のブランドは守れるか？」と題して、家族みんなで会津みしらず柿作りに取り組んでいる様子がよくわかります。さらに、将来に向けての取り組みまでも網羅されている作品です。過去と現在の柿作りの様子を垣間見ることもできます。

「御山産会津みしらず柿のブランドは守れるか？」（全文掲載）
　私の住む門田町御山は、会津みしらず柿の産地として有名です。私の家もみしらず柿を作っています。毎年柿を買ってくださるお客様は「上品な甘みがありとても美味しい」と言ってくれます。私は、この自慢のみしらず柿をいつまでもお客様に届けられるように、またこのブランドを守って

いくにはどうしたらよいか、そのためには、みしらず柿作りにはどんな仕事があるのか、おいしいみしらず柿を作るにはどのような工夫がされているのか等を調査し、次の世代へ引き継いでいけばブランドは守っていくことができると思い調査を始めました。

　調査方法は、祖父や父に聞いたり、できる仕事は体験することにしました。

１）　みしらず柿を収穫するまでの作業

　みしらず柿を収穫するまでの仕事は１年を通して続きます。

　①　剪定作業（１月～３月）

　柿の木が高くなりすぎないように、また風通しや、日当たりが良くなるように余計な枝は切ります。この作業をしないと柿の木がどんどん高くなり作業がしづらくなります。また風通しや日当たりが悪いと病気になりやすくなります。

　②　枝集め・枝燃やし（３月～４月）

　剪定して、落ちた柿の枝を集めて燃やします。この作業を行わないと草刈りや脚立（はしご）を使った作業ができなくなります。

　③　消毒（４月～10月）

　柿の葉に虫がついたり、葉が病気になったりするのを防ぐために、葉が芽生えてから収穫するまでの間、月１回のペースで行います。

　この作業をしないと、葉が虫に食われて、柿の実が大きくなりません。また一度病気になると他の畑にもどんどん広がって、他の人にも迷惑をかけてしまいますから大事な作業です。

　④　わらしき（５月）

　柿の木の根元にわらを敷き、根元に草が生えるのを防ぎます。この作業をしないと柿の根元にも草が生え、乗用の機械で行う草刈りの作業が難しくなります。

　⑤　摘蕾(てきらい)、摘花(てっか)、摘果(てきか)（５月～10月）

　毎年、５月10日頃になると柿の実の赤ちゃん（つぼみ）ができ始めます。１本の枝に10個位の実がなるので、１個だけ残して９個は取り除きます。

　蕾を落とす作業なので摘蕾と言います。５月下旬になると蕾が花になるので、摘花という作業に名前が変わります。しかし、花は１週間ほどしか咲かないのでその後の６月頃からは、摘果という作業に変わります。名称は変わりますが、作業は同じです。すべての柿畑の作業をするのに１ヶ月はかかります。その後、２週目、３週目と作業は収穫まで続きます。この

作業をしないと1個の柿の実に行く栄養が少なくなり、大きな実ができないのです。大きな実こそ、みしらず柿の特徴といえますから、一番大切な作業です。

⑥　草刈り（5月～11月）

柿畑の草は、常にきれいに刈っておきます。夏は草の成長が早いので1ヶ月に2回草刈りをします。この作業をしないと虫が増えるし、いろいろな作業がしづらくなります。

⑦　収穫（10月～11月）

10月20日頃から収穫の作業が始まります。霜が柿の実に当たると品質が悪くなるので、霜が降りる11月20日ぐらいまでが勝負になります。ただ、色づきが悪いと甘みも少ないので、赤くなった柿の実から、もいでいきます。そのため、たくさんある柿畑を3周くらい回ることになります。とにかく短期間ですべての柿の実を収穫しなければならないので、10人以上の人に頼んで作業します。昔は、手でひっぱってもいでいましたが、今ははさみを使って軸を切り収穫しています。柿の実に傷があったり、へたが割れたりしている実は取り除きます。

⑧　選別（10月～11月）

畑で収穫した柿の実を作業所で選別します。規格は4L、3L、2L、L、Mに分けて選別します。この時に傷があるかどうかチェックします。

選別する機械は、選別ラインが1つしかないので、選別の機械は朝から夕方までフル稼働します。

⑨　箱詰め（10月～11月）

大きさごとに選別された柿を一つ一つ手作業で箱詰めします。そして色づきは十分か、赤すぎないか、さらに、傷がついていないかもチェックします。箱の底にはあらかじめ焼酎を敷き、その上に柿を並べていきます。みしらず柿は通常15日ほどで甘くなります。この時に赤すぎる柿を箱詰めすると、甘くなる頃は熟しすぎてやわらかくなってしまいます。

⑩　検品・出荷（11月～12月）

箱詰めした柿は専用の倉庫で15日間渋抜きをします。渋抜きが終わり、甘くなった柿の箱を開けて傷がついた実はないか、熟しすぎている実はないかをチェックします。最後に香りづけの焼酎をかけて、ふたを閉め、お客様の所へ向けて出荷します。こうして、収穫時、選別時、箱詰め時、出荷の時の4段階でチェックすることで自信をもって出荷できるといいます。

2）作業体験

① 剪定（1月）

弟も体験しました。脚立に登り、はさみで枝をチョキンと切るのが楽しかったようです。

② 枝集め・枝燃やし（3月）

毎年、家族みんなで行います。しゃがんでばかりの作業なので腰がいたくなりましたが、寒い中、火をつけて燃やすので暖かい気持ちになり、時々焼き芋も作って食べます。

③ 消毒（4月）

車のような機械で行います。いつも朝早く行います。

④ わらしき（5月）

この作業もみんなで行います。わらを敷くのがなかなか大変です。

⑤ 摘蕾・摘花・摘果（8月）

小さい時から摘果を行う作業車に乗せてもらって柿畑へ行きましたが、当時は何の作業かわかりませんでした。

⑥ 草刈り（8月）

乗用の草刈機に乗る時に、祖父はヘルメットをしながら運転して草刈りをしています。

⑦ 収穫（10月）

今年は、小学4年生が来て体験学習で柿もぎりをしました。初めて柿をもぎる人もいて楽しかったようです。

⑧ 選別（11月）

10年ほど前まで家族が作業していて、私も小さい頃から見てきましたが、今は専門のお手伝いの人にお願いしています。

⑨ 箱詰め（11月）

この作業も、今は、専門のお手伝いの人にお願いしています。私がかつてやったことがある作業は、柿を1個ずつパックに詰めていく作業なので簡単にできました。

⑩ 点検・出荷

時には、別の箱で甘くした柿を点検して詰め替えて出荷することもあります。

3）聞き書き、柿作りの苦労と工夫

祖父に柿作りのインタビューをしてみました。

①　柿作りで一番大切で大変な作業は剪定です。それ以外の仕事は他人に任せることができますが、剪定には、こつがあるので難しいし、寒い中行うので大変な作業だそうです。
　②　柿作りで工夫していることは、人に任せられる仕事は任せることで、昔は全部家族で行っていましたが、今は柿畑も広くなり、家族だけではできないので、知り合いやアルバイトの人に頼んで作業を分担して行うことが大切だということでした。

4）ブランドを守るために今後に向けて

　私はこれまでも柿に関わる仕事を、どんな意味があるかわからず手伝ってきましたが、お客様に美味しいと言ってもらえるみしらず柿を作るまでには、たくさんの仕事があり、収穫は10月と11月ですが、12月から翌年の10月までは柿畑での仕事があること、そしてその一つ一つの作業がいかに大切な作業だったのかが今回の調査でよくわかりました。そして美味しいみしらず柿のブランドを守っていくためには、一つ一つの作業を１年を通してしっかりと行い、人に任せられないという最も大切な剪定という作業を、祖父や父から学んでいくことだと思いました。それには、今まで枝集めや箱詰めしかやったことがなかったので、これからは今以上にお手伝いをして柿作りの作業を覚えていきたいと思います。そうすることによって御山の美味しいブランドのみしらず柿を守っていけると思います。

　たのもしい小学６年生の作品でした。会津の子どもたちが柿もぎりを体験したり、さわし柿詰めを体験したり、干し柿作りを体験したりすることによってみしらず柿に親しみが深まり、今以上にみしらず柿への関心が高まるかもしれません。

　　　祖父親　孫の栄や　柿実噛む　　　　松尾芭蕉

8　北御山生柿生産出荷組合の現状

　令和６年度の北御山生産出荷組合の組合長は、高橋康治氏です。お伺いした

のは5月下旬の摘花・摘果の真っ最中です。
　現在の組合の現状についてお聞きしました。

　　令和6年度の組合員は9名ですが、組合員でない柿農家はたくさんありまして、それぞれにいかにしたらより美味しい御山産の柿ができるかと日々研鑽しているところです。しかし、残念ながら、後継者不足もあり、柿農家さんが減少しているのも事実です。
　　組合では、いままでにいろいろな事業を展開してきました。

　　1）会津若松市内の柿渋業者へ青柿収穫
　　現在は、美味しく、傷なく、大きい柿を作るために、柿の木の3本株の小枝には小枝1本につき5個程度の柿の実がつきますので15個ほどになります。しかし、この3本の中で中央の一番長い小枝についている1個だけを残し他は摘果します。また5本株の小枝には25個程度実をつけますが、2〜3個だけを残して残りは全部摘果します。残す柿も吟味します。柿の花が上、下を向いているのは摘果し、小枝の中央あたりの横についていて、花びらが4つで形が良いものを残します。小枝の根元近くに残したい柿の実があっても、柿が大きくなった時に枝にぶつかってしまいますから、それは摘果します。
　　このように現在では5月から摘蕾、摘花、摘果を行いますので、7月頃の青柿は選別されたものだけが柿の木に残っています。このような作業をしなかった時代には、7月まで実をつけておき、7月、8月になって摘果していました。この摘果した実を会津若松の業者さんは絞って柿渋を作っていたのです。柿渋も最も渋いのは7月で、7月に収穫した青柿と8月に収穫した青柿では8月の青柿の値段は半値になってしまうほどだったのです。
　　また、柿にはこの時期に自然に落ちる習性があり、よかれと思って残した青柿が落ちる確率が高かったのです。その点、5月に選別して残した青柿は落ちる確率が低いのです。このようなことで、現在では柿渋用の青柿の収穫はなくなりました。
　　ちなみに、柿の葉はりんごのように葉はとりませんが、今の時期には上にのびている新枝を剪定しますので、この枝には大きな葉がついていますから、柿の葉寿司にはちょうど良いと思います。

2）九州方面への生柿の出荷

さわし柿にせず生柿のまま、九州方面へ出荷していた時期もあります。

九州地方のお正月のお供えものとして、「串柿」がありますので、串柿を作るために加工しないで、出荷していました。長い間出荷していましたが、現在は行われておりません。

3）木箱詰めから段ボール箱詰めへ

渡部初雄氏の『会津身不知柿誌』の中でも「木箱に詰めて」とありますが、木箱のふたを閉める時に、金槌で釘を打ち込みますので、この時かなり柿に負担がかかりましたが、現在のように段ボール箱詰めになってからは、柿が傷むことがほとんどありません。今は、段ボール箱もどんどん改良されて良くなっております。

4）組合出荷から個人出荷へ

現在の世の中は、消費者の皆様へ、今日出荷すると明日には手元に届きまして、すぐに食べていただけるようになりました。組合出荷の場合には、箱詰めしてから焼酎をふりかけ、その後確認することなく、開封日を記入して出荷していましたので、消費者の方がすぐに開けてしまったり、また時として熟しすぎてしまった柿や、傷になっている柿があったりすると、みかんと同じように1個傷んでいると他のみかんも傷んでしまうように、柿にもその傾向がありますので、消費者の方々へご迷惑をおかけすることもありました。こうしたことを解消できるのが栽培から販売まで責任をもってできる個人出荷ということになるのです。さわしてからもう一度中を確認して配送しますので、信頼と安心を得ることができます。

5） 柿ワインの生産

組合として直接柿ワインを生産していたわけではなく、農協さんから北海道余市のニッカウイスキーの工場（旧大日本果汁㈱）で生産した時期もあったようです。

6）御山柿の献上柿

このような中で、ずっと途絶えることもなく継続してきましたのが皇室への献上柿です。皇室の献上柿は、私達の組合で丹精込めて作っております。この柿が皇室の方々に食べていただけるかと思うと自然に力もこもり

ます。収穫し、渋抜きした柿は、それぞれの組合員が最高品を持ち寄ります。箱詰めは現在、福島県会津地方振興局の職員の手によって行われております。

柿1個の重さは3Lで260g〜300g程度あります。みずみずしく、糖度も17度以上あって大変美味しく、形もきれいで美味しいみしらず柿です。

献上柿（福島県会津振興局提供）

このように歴史のあるみしらず柿の献上は、いかなる理由があろうとも、これから先もずっと継続し守っていきたいと思っております。

帰る時に、高橋組合長の奥様より、みしらず柿の干し柿をいただきましたが、甘味が濃厚で実が大きく、とろけるような舌触りで、いまだかつて食べたことがない絶品でした。

気の遠くなるような作業から生まれてくる柿の完成品です。商品化して販売されないのが大変残念に思います。

高橋家の干し柿

9　会津みしらず柿　丸ごと栄養学

400年以上もの歴史ある会津みしらず柿は栄養学的にも優れていて、昔から「柿赤くなれば医者青くなる」と言われ、柿を食べて元気になるため患者が来なくなり、医者は青ざめるとたとえるほど、柿は健康づくりに役立っていたのです。

会津で育まれてきたみしらず柿は、江戸時代の会津藩の名産品であり、会津藩では庭木として植えておく決まりがありましたから、各家庭には必ず1本や2本ありました。

昔は、渋抜きが待ちきれなくて、青い渋柿をお風呂の残り湯に入れて少々渋みがあっても次の日に美味しいといっていただきました。熟した柿は、餅に入

れて食べ、食べ残した柿の実はかめに入れ、土の中に埋めて柿酢を作りました。

また干し柿を作り、正月さまにお供えしたり田植えの小昼（おやつ）にしていただきました。

しかし近年は、多くの果物が四季を問わず食べられるようになったことも加味してか、取り残された赤い柿の実が雪の帽子をかぶって重たげにしている様があちこちに見受けられます。

小鳥たちへのおすそわけも必要ですが、地元で育った産物は宝ものです。それは、自分と同じ環境にあり、同じ空気を吸って育まれてきましたから、最も身体に受け入れやすいものなのです。地産地消、身土不二こそが健康づくりの基本といえましょう。

会津の厳しい環境の中に育まれて秋の深まる頃に収穫されますが、冬の寒さに負けない体作りにふさわしいみしらず柿です。柿を食べていたら知らぬ間に健康になっていたところから「みしらず柿」といっても過言ではありません。

「青葉の候　柿の木にもたれていると健康になる」や「柿の木100本持てば100石とりと同じ」ということわざもあり、これらのことわざは、いかに柿による健康が得られているかを論じているものです。

1）柿の葉の栄養素と効能

戦国武将の武田信玄（永正18〈1521〉〜天正元年〈1573〉）は、戦場に柿の葉を持参させ怪我した者へ柿の葉を揉んで患部にあてて手当てをしたといわれていますが、これは柿の葉に含まれているビタミンCやビタミンKの血液凝固作用（止血作用）や皮膚の再生作用の効果を利用したものと思われます。また、古代中国では孔子（紀元前551〜前479年）や孟子（前372〜前290年）の時代から「柿葉湯」という柿の葉のお茶が健康茶として用いられてきました。

柿の葉は、5月から6月中旬頃の葉が最も良いとされ、毛細血管壁を強化するといわれています。柿の葉に含まれるビタミンCの含有量を見てみると、柿の葉100gで新葉には600mg、成葉に1500mg含まれています。1日に必要なビタミンは100mgですから、柿の葉茶といえどもあなどれません。また、柿の葉にはケンフェロール3グルコサイドやクエルセチン3グルコサイドという物質が含まれていて、これらは高血圧予防効果にかなり期待されていると

柿の葉寿司用の葉取り

ころです。さらに、近年では花粉症予防に有効とされ、サプリメントとして商品化されています。ぜひ柿の葉を野菜の一つとして位置づけ、6月の梅雨前に採取し利用してほしいものです。ちなみに、石川県、愛媛県、和歌山県、奈良県、島根県など各地で食べられる柿の葉寿司の葉は、みんな渋柿の葉です。

2）柿の実の栄養素と効能

　柿の語源は、柿の実のなる赤い木ということで、アカキからやがてカキになったともいわれています。第30代敏達天皇（びだつ）（敏達天皇14年〈585〉没）の時代に皇族の天足彦国押人命（あめたらしひこくにおしひとのみこと）（生没不明）の住んでいた所に大きな柿の木があったことから、柿本の姓を賜ったといわれ、『万葉集』や『古今和歌集』の歌人として知られる柿本人麻呂は代表的な一族の1人です。当時の柿は渋かったのか『正倉院文書』（天平勝宝8年〈756〉頃）に干し柿は出てきますが、『万葉集』の歌の世界では紅葉する柿の葉の方を愛でていたようです。

　柿の実の赤い色は、カロチノイド（β-クリプトキサンチン・β-カロチン）・リコピン・ルチンなどによるもので、これらの色素は、皮膚の粘膜を健康に保ち、抗がん作用があることが知られています。また、柿の実の主成分は炭水化物ですが、その中でもブドウ糖と果糖が大部分を占めており、ショ糖やマンニットも含まれています。甘柿も渋柿も平均エネルギーは100ｇで60kcal程度ですが、果物の中ではエネルギーが高いため、美味しいからといって食べすぎると血液中の中性脂肪を高め、やがては贅肉になってしまいますから用心しましょう。酸味もほんの少し含まれていますが、その大部分はリンゴ酸でクエン酸や酒石酸も含まれています。

　そして、みしらず柿の渋みの成分はシブオールといい、タンニンの1種です。完熟した渋柿には0.5〜2.0％含まれています。未成熟の甘柿にも含まれていますが、前述した通り、甘柿自体が成熟にしたがってタンニンが固まり合って不溶性になるため、渋みを失い甘柿となります。

　湯の中入れたり、炭酸ガスの中に入れて脱渋する方法は、アセトアルデヒドを活性化させてシブオール（タンニン）と結合させ甘くします。お風呂に入れたり、漬物の漬け汁の中に入れたり、昔の人達はすごい知恵を残してくれました。

たわわなるみしらず柿

干し柿や干した皮についている白い粉は、ブドウ糖と果糖が乾燥して固まったもので害はありません。また皮をむいても変色（酸化）しないのは、ポリフェノールオキシターゼという酵素が含まれていないからです。
　ところで、柿に含まれている食物繊維ですが、甘柿には100ｇ中1.6ｇですが、みしらず柿のような渋柿には2.8ｇも含まれており、果物の中では王様といったところです。この含有量は野菜の中でも多いといわれる竹の子と同じくらい含まれているのです。つまり、みしらず柿１個食べると、１日に必要なビタミンCや血圧の降下作用、利尿作用のあるカリウムが摂取できて、食物繊維も１日に必要な量の３分の１は摂取できるのです。また、アルコールを分解してくれる働きがあるので、飲酒前に食べると二日酔い予防になるとされています。
　生柿は体を冷やすため、冷え性の人は干し柿を食べると良いようです。保存はパックに入れて冷蔵庫で保存し、やわらかい柿は冷凍してシャーベットにしていただくと良いでしょう。

3）干し柿の栄養素と効能

　みしらず柿の干し柿も他の干し柿同様に、小さめの干し柿１個（正味30ｇ）で80kcalあり、バナナ１本分（100ｇ）に相当します。エネルギー補給源として有効です。その他の栄養素は、生柿の成分が凝縮されるので含有栄養素は変わらず、少量摂取することで、食物繊維、カリウム、カロチンなどを容易に摂取することができます。
　現在のように果物や砂糖が豊富でなかった時代では重宝され、おやつや間食にしました。田植え時期の農繁期には、小豆と一緒に煮ておはぎを作ったり、餅の中に入れて一緒に搗いて柿餅にして食べたりしました。また、土産物としても用いられ、登山する時の携帯食や災難時の非常食としても真空パックや冷凍して保存しておくと便利です。

4）柿の皮の栄養と効能

　干し柿を作る時には柿の皮をむきます。むいた柿の皮も無駄にせず、十分に乾燥させて粉を作り砂糖代わりに使用してきました。柿の皮には、柿の実と同じようにブドウ糖と果糖が含まれていますから、白砂糖より甘みを強く感じます。

5）へたの効能

　夏から秋にかけて未熟柿のへたをとって天日で乾燥したものは「してい」という生薬に用いられ、しゃっくり止めに使われてきました。

市販されており、水500mlに柿のへたを10ｇ（10個）入れて、水が半分になるまで煎じて飲むと効果があるとされています。

へたには、ヘミセルロースやオレイン酸、ウルソール酸などの成分が含まれており、ヘミセルロースが胃の中で凝固するため、しゃっくりが止まるといわれています。

10　みしらず柿を使って製品化されたもの

1）会津漆器とみしらず柿の柿渋

会津漆器の起源は定かではありませんが、葦名氏が会津地方を統治していた鎌倉時代には、すでに漆が栽培され、木地師も住んでいました。さらに、蒲生氏郷（弘治2年〈1556〉～文禄4年〈1595〉）によって近江国（現滋賀県）から木地師を移住させ、会津漆器の活性化を図りました。木地師は会津の山々を自由に歩き、

干し柿がつらら状に干されている

栃の木を伐採し、椀・盆・鉢物・重箱などの木地を作っていました。次いで、若松に運ばれてさらに形成され、漆の塗師へ運ばれます。ここでは、下地塗という工程があり、柿渋が使われてきました。柿渋は、防水性、防腐性にすぐれ、雑菌の繁殖を防ぎ、粘着力を高めてくれます。

初夏（二百十日前後）に最も渋味が出てくるといわれるみしらず柿の青い実を採取し、つぶして水を加えて3、4日置くと水が変色するので、それをこして使います。柿渋は空気に触れると変色するので、外気に触れるのを避けます。

会津漆器下地塗りの分野における第一人者で、伝統工芸師の鵜川清一氏に伺いました。（平成20年に取材）

> 柿渋は、昭和初期まで使用頻度が高かったです。
> 　会津若松市内には、柿渋を扱っている店が「光藤」「かめや」など数件あって、特に「光藤」さんは、会津若松で一番大きな柿渋屋さんだったね。蔵に行くと、味噌桶みたいな渋かめがたくさんあってね。柿渋は、ただ置く

とすぐに固まってしまうので、土の中に瓶詰にして埋めておくのですよ。渋柿は、例えばお椀などの木地は春先や入梅時期になると伸びるので、これを伸びないように柿渋を塗るのですが、この作業を「お椀の木固め」というのです。

　今でも会津若松市内には、みしらず柿の柿渋作りをしている人が数人おり、趣味でカラムシ布や麻布を染めるのに、この柿渋を作っている人もいますね。柿渋で染めた色合いは、薄茶色で落ち着いた雰囲気を味わうことができるんですよ。この他、柿渋は、魚網、傘、型紙にも利用されていましたね。

　現在、会津若松市内に柿渋屋さんはないようです。ちなみに高血圧予防に柿渋10ｇを100ccの水で薄めて飲んだり、湿疹やかぶれの時には、3倍に薄めてガーゼに含ませて患部湿布する民間療法があるようです。

2）会津みしらず柿ワイン

　会津みしらず柿を原料として作られた柿ワインは大変まろやかです。製造元は北海道余市市の「ニッカウイスキー（旧大日本果汁㈱）」で、戊辰戦争後に会津藩士が開拓したリンゴ畑がある所です。味わい深い一品です。

　令和6年現在は製造していないようです。

3）会津みしらず柿酢

　飯豊山信仰で名高い喜多方市山都町には、江戸時代から酒造業を営んできた「田代屋」こと「㈱グラン・フォーレ山都」があります。

　田代屋は代々続く酒造業でしたが、昭和50年（1975）に大火に遭い酒造りをやめてしまいました。平成3年（1991）頃からは福島県ハイテクプラザさんの協力を得て会津みしらず柿を使った「柿酢」の製造を試み、商品化しました。田代氏の話によると、次のようです。

　柿酢は、一度アルコールで渋抜きをしてからさらに酵母を加えて3ヶ月熟成させたあとに造り出したものです。この100％の柿酢には、カリウムやタンニンなど有機酸の他に、人間の体で作り出すことができないタンパク質のシスチンを含む多くのアミノ酸など数多くの成分が含まれていましてね。味はさっぱりとしていて、風味はフルーティで、すし飯に使用するとご飯の味が生かされ、酢の物に使用すると、アミノ酸が多く含まれてい

るせいか、酢独特の味は感じなくなりますね。

　数年前になりますが、郡山市磐梯熱海温泉に皇族の方々がお泊りになった時に、この柿酢を使った料理をお出ししてくださったのですが、大層お喜びになったと伺っております。タンニンの量は、カテキンとして含まれており、最近お茶のカテキンがブームになっていますが、この柿酢も負けてはいませんよ。

　平成13年（2001）の会津若松市主催の「会津身しらず再発見」では講話と料理教室をさせていただき、この柿酢を使って生酢や柿ちらし寿司などを実習しましたが、まろやかで、さわやかな風味の柿酢でした。氷を浮かべて炭酸で割ったり、そのまま飲んだり、しばらくはこの柿酢にはまりました。残念ながら令和の現在は製造されておりません。

　ところで、会津若松市内で有機農法による野菜作りをしている白井農園では、柿酢を大量に作って、リンゴや野菜に散布し使用しています。200kg入りのタンクに熟した柿も含めてどんどん詰め込みます。やがて、酢酸が発酵して分解された柿からはタンク周辺に酢の匂いが漂い、タンクの下の蛇口をひねると柿酢が出てきます。アミノ酸がいっぱいの柿酢です。毎年400ℓは利用しているということです。白井農園の美味しいリンゴは柿酢も関与しているのかもしれません。

白井農園の柿酢タンク

4）会津みしらず柿を使ったお菓子や加工食品

　数多くのみしらず柿商品が開発され、会津若松市内のＪＡの直売所やもよりの道の駅などで年間を通して、買い求めることができます。

　生柿はもちろんのこと、さらに加工商品も開発され、多くの方々に食されていただけることを願うばかりです。

　会津みしらず柿を使ったお菓子や加工食品
- 長門屋の是山　・松本家の柿羊羹　・白虎食品の会津みしらず乾燥柿
- オノギ食品の会津みしらずかんてん柿
- 山内果樹園の会津みしらずひとくち干し柿とあんぽ柿
- 太郎庵の会津身知らず柿ゼリー（販売終了）

会津みしらず柿のお菓子や加工商品

長門屋の是山

松本家の柿羊羹

白虎食品の会津みしらず乾燥柿

オノギ食品の会津みしらずかんてん柿

山内果樹園の会津みしらずひとくち干し柿とあんぽ柿

あとがき

　この本は平成19年から20年にかけての『ＪＡ落葉果樹』に掲載させていただいたものに加筆し、さらにレシピを追稿したものです。このたび、ＮＨＫＢＳで放送されている「新日本風土記」でみしらず柿関係を放映するにあたり、歴史春秋社様より柿に関する資料の依頼がありましたので、約20年もの間、埋もれていた原稿を提供させていただき、今回その原稿を出版させていただくことになりました。大変ありがたく思っております。

　令和４年から奇しくも夫婦で病気になり、目下二人で治療中ですが、阿部隆一社長様から「書くことが治療の一環でもあり長寿の秘訣です」とご教示いただき、早速取材に出かけたり、わくわくしながら料理を考えて試作したり、器探しにあちこち出かけたりと病気であることを忘れさせてくれる、あっという間の１年でした。

　特にこのたびは、伝統ある会津の食文化を組み合わせた「鰊の山椒漬け入り柿の葉寿司」を考案いたしましたが、「これこそ、古くて新しい会津の郷土料理」と位置づけられそうです。ぜひ作っていただきたいと願うばかりです。鰊好きの方には大いに喜んでいただけるものと確信いたします。また、酒粕と柿の相性が良いことも再発見いたしました。

　来年も会津の各家々の柿の葉が生い茂り、秋にはたわわに赤い実をつけてくれることでしょう。若葉をいただき、柿の実をいただき、残ったら、柿酢を作って野菜や庭の草花にもわけてあげましょう。

　最後に、阿部隆一社長様、植村圭子部長様、そして編集してくださいました村岡あすか様とご協力いただきました方々に熱く御礼申し上げます。

　誠にありがとうございました。

令和６年12月　平出美穂子

ご協力いただいた方々
　　会津若松市門田町御山　故渡部初雄様
　　会津若松市教育委員会様
　　会津若松市農政課様
　　渡部陽菜様とご家族様
　　高橋康治様
　　西念寺住職大島様
　　花春酒造社長宮森様
　　福島県会津地方振興局様
　　鵜川清一様
　　河野圭介様
　　白井康友様
　　パン工房　會・マチエール様
　　平出智美様

みしらず柿絵画作
　　伯父大田友一様

写真撮影
　　エルグプランニング

参考引用文献

① 全国農業協同組合連合会福島県本部園芸部 「落葉果樹」1月号〜5月号に掲載 「会津身不知柿物語」 2004年発行
② 渡部初雄著 『会津身不知柿誌』 会津プリント 1981年発行
③ 門田小学校6年渡部陽菜著 「御山産会津みしらず柿のブランドは守れるか？」 令和4年度会津若松市郷土研究作品 会津若松市教育委員会所蔵
④ 西田長男編集解説 『延喜斎宮式』九条家旧蔵冊子本 國學院大學神道史学会 1978年発行
⑤ 家世実紀刊本編纂委員会編 『会津藩家世実紀』第1巻〜14巻「枝柿・干し柿・御所柿」 歴史春秋社 1977年発行
⑥ 若松市 『若松市史上巻』P952「年中行事正月飾りの串柿」
『若松市史下巻』P199「柿茸師」・P200「寛文9年の生柿と干し柿の生産地」 国書刊行会 1987年発行
⑦ 会津若松史出版委員会 『会津若松市史第6巻』『会津若松市史第10巻』 会津若松市 1967年発行
⑧ 農文協 『日本の食生活全集』秋田の食・神奈川の食・長野の食・静岡の食・愛媛の食・新潟の食・山口の食 1985〜1992年発行
⑨ 樋口清之著 『日本食物史』 柴田書店 1987年発行
⑩ 吉井始子編 『江戸時代料理本集成』第1巻・第2巻・第4巻・第5巻・第7巻・第8巻・第9巻 臨川書店 1978〜1981年発行
⑪ 志賀裕悦・本田憲二・齊藤孔男共著 「バイオリアクターによる柿酢の連続発酵に関する研究」「柿酢とソバ酢の製造に関する研究」 福島県ハイテクプラザ会津若松技術支援センター 1984年発行
⑫ 『話題の健康食品と家庭療法全書』 主婦の友社 1975年発行
⑬ 逢坂剛・北原亞以子・福田浩共著 『鬼平が「うまい」と言った江戸の味』 ＰＨＰ研究所 1999年発行
⑭ 小野蘭山著 『本草綱目啓蒙2』P151〜P250 平凡社 1991年発行
⑮ ベニシア・スタンリー・スミス著 梶山正写真・訳 『ベニシアのハーブ便り』 世界文化社 2007年発行
⑯ 平出美穂子著 『古文書にみる 会津藩の食文化』 歴史春秋社 2014年発行
⑰ 平出美穂子著 『会津伝統野菜』「会津みしらず柿」 歴史春秋社 2016年発行
⑱ 『四季の味・秋 38号』 ニューサイエンス社 2004年発行
⑲ ゐざさ中谷本舗 「柿の葉寿司の作り方」 2022年発行

※引用部分は原文のママお入れしました。

著者略歴

平出美穂子（ひらいで・みほこ）

福島の食文化研究家　管理栄養士　国際薬膳食育師　会津史学会会員

1972年福島県の学校栄養士を経て保健所栄養士、病院栄養士、会津短期大学助手、講師を経て2004年郡山女子大学食物栄養学科准教授となり2012年に退職。2012年から2023年まで福島県立テクノアカデミーの非常勤講師として勤務。現在福島の食文化について日々研鑽。

主な著書
『会津の年中行事と食べ物』
『中通りの年中行事と食べ物』（福島民報出版文化賞受賞）
『浜通りの年中行事と食べ物』
『そば丸ごと百珍』『ヤーコン百珍』『こづゆ』
『古文書にみる 会津藩の食文化』（第28回地方出版文化功労賞奨励賞受賞）
『会津の郷土料理』『会津伝統野菜』
『歴春ふくしま文庫㊳ ふくしま食の民俗』（共著）
『知られざる幕末会津藩』（共著）「『蝦夷地御廻通法日記帳』にみる幕末会津藩の足跡」
など多数、いずれも歴史春秋社発行

会津みしらず柿

令和6年12月25日　発行

著　者　平出美穂子
発行者　阿部隆一
発行所　歴史春秋出版株式会社
　　　　〒965-0842
　　　　福島県会津若松市門田町中野大道東8-1
印刷所　北日本印刷株式会社

平出美穂子著書

会津の郷土料理

会津各地の家庭で作られる、昔ながらの郷土料理44品の作り方を簡単にわかりやすく解説。

定価 **1,100**円（税込）

会津伝統野菜

古くから栽培されてきた会津伝統野菜20品目と基礎知識に加え、伝統野菜を使用したレシピ150品を掲載。

定価 **2,200**円（税込）